WHEN TRADE
UNIONS MEETS
THE INTERNET

工会遇见互联网

孙成玉　高淑军　常红玮　季立飞　等◎著

中国工人出版社

一网情深惠职工

《工会遇见互联网》

编委会

目录

互联网让工会工作向智能化方向不断迈进，成为建设智慧工会、普惠职工、满足多元化需求的必由之路。了解“互联网 + 工会”建设，就要从“源”说起，从“根”聊起。互联网从起源到发展，究竟是如何一步一步走进我们的世界，融入我们的生活？让我们回首互联网从出生到壮大的 50 余载，共同感悟互联网时代的变迁。

实践篇

新时代下，只有更好地推进“互联网 + 工会”工作，工会组织才能成为更加贴近职工的“娘家人”，这就需要我们关注当前思维迭代、理念更新、产品升级、企业发展、职工多元需求的现状，找准工作变革的“发力点”；需要我们踩准“互联网 +”的鼓点，用心去行动、去感悟、去探索、去实践，在工会工作网络化的道路上，走出每个企业工会组织独到的精气神；需要我们紧贴中心大局，聚焦主责主业，将“互联网 + 工会”作用发挥到极致，让工会服务通过互联网不断放大，切实增强职工幸福感、获得感、归属感。

案例篇

“互联网 + 工会”究竟可以为职工带来哪些服务，企业工会又该如何运用互联网平台延伸工会服务手臂，为职工提供“普惠化”“多样化”的服务呢？山钢股份莱芜分公司工会已将“一网情深惠职工”的宗旨融入工会工作的“血液”中，畅通了工会联系职工、服务职工的渠道，推动了广大职工从“配角”到“主角”，从“幕后”到“前台”，切实成为工会服务企业、服务基层、服务职工的有效“法宝”。这些做法具有“教科书”的意义，本篇以此为例，希望对全国各级企业工会组织的互联网建设带来积极的指导和借鉴作用。

序

50年前，互联网诞生了，经过50年的飞速发展，推动了时代的巨大变革。从1969年诞生的阿帕网到今天盛行的移动互联网，互联网的迅猛发展，成功把世界万物联在了一起，“互联网+”的概念也就应运而生。2015年7月4日，国务院印发了《关于积极推进“互联网+”行动的指导意见》，自此“互联网+”行动计划成为国家实施创新驱动发展战略的重要组成部分。

2018年10月，习近平总书记在同中华全国总工会新一届领导班子成员集体谈话时强调，要把网上工作作为工会联系职工、服务职工的重要平台，增强传播力、引导力、影响力。《中共中央关于加强和改进党的群团工作的意见》中指出，要“打造网上网下相互促进、有机融合的群团工作新格局”。中华全国总工会在《全国总工会改革试点方案》中，提出了制订和实施“互联网+”行动计划。

近几年来，各级工会组织深谙互联网之道，制定实施了具有本地区特色的网上工作规划，并与全总《全国工会网上工作纲要

（2017—2020 年）》有效对接，形成了上下联动、横向互动、全面推进的工作格局。各企业工会都试图借助互联网之势，探寻工会组织的转型与升级路径，占领服务职工的网络高地。如何精准把握“互联网 + 工会”工作脉搏，找准工作发力点，切实解答好工会组织互联网转型这一时代命题。在众多企业中，山钢股份莱芜分公司工会的一些做法，很有特色，值得各级工会组织参考和借鉴。

山东钢铁股份有限公司莱芜分公司（以下简称山钢股份莱芜分公司）前身为莱芜钢铁股份有限公司，是一家拥有近 50 年发展历史的山东省属国有大型钢铁制造企业，现有钢铁产能 1290 万吨。秉持着“挂着职工冷和暖、维权建家共富有”的工作理念，乘着“互联网 +”的东风，企业工会深入探索，精准定位，迅速布局，逐步建立形成了以“基础信息服务、智能工会管理、职工技能提升、职工维权帮扶、职工文化体育、职工在线服务”六个平台为支撑的一体化职工网上服务中心，初步构建了“问计于网、业务上网、维权到网、服务在网”的工作新模式，打造了职工广泛认可的“网上职工之家”。在这家公司，网上练兵如火如荼，网上读书蔚然成风，职工代表网上履职，“工惠在线”全面覆盖，网上帮扶交口称赞。“一网情深惠职工”已经融入工会工作的“血液”，畅通了工会联系职工、服务职工的渠道，推动了广大职工从“配角”到“主角”，从“幕后”到“前台”，切实成为工会服务企业、服务基层、服务职工的有效“法宝”。

2019 年 5 月，全国机械冶金建材系统新时期产业工人队伍建设改革现场推进会在山钢股份莱芜分公司召开，时任中华全国总工会副主席、书记处书记、党组成员石岱出席会议，并对他们的做法给予了高度的评价和认可，认为他们的做法具有“教科书”的意义，对指导全国各级企业工会组织的互联网建设具有非常积极的指导和借鉴作用。

本书由理论篇、实践篇、案例篇三部分组成，阐释了互联网大背景下，工会工作如何向智能化方向不断迈进，如何建设智慧工会、普惠职工、满足多元化需求的路径和方法，是山钢股份莱芜分公司各级工会组织、工会干部和广大工会会员集体智慧的结晶。希望本书能够为广大企业和工会工作者提供一些借鉴和参考，期待我们各企业工会不忘初心再出发，牢记使命启新程，持续创新思路、丰富载体，着力打造网上工会、数字工会、智慧工会新模式，在推动工会工作创新发展、满足职工对美好生活向往的宏伟征程中展现新作为、再作新贡献。

中国机械冶金建材工会主席、分党组书记　陈杰平

2019 年 10 月

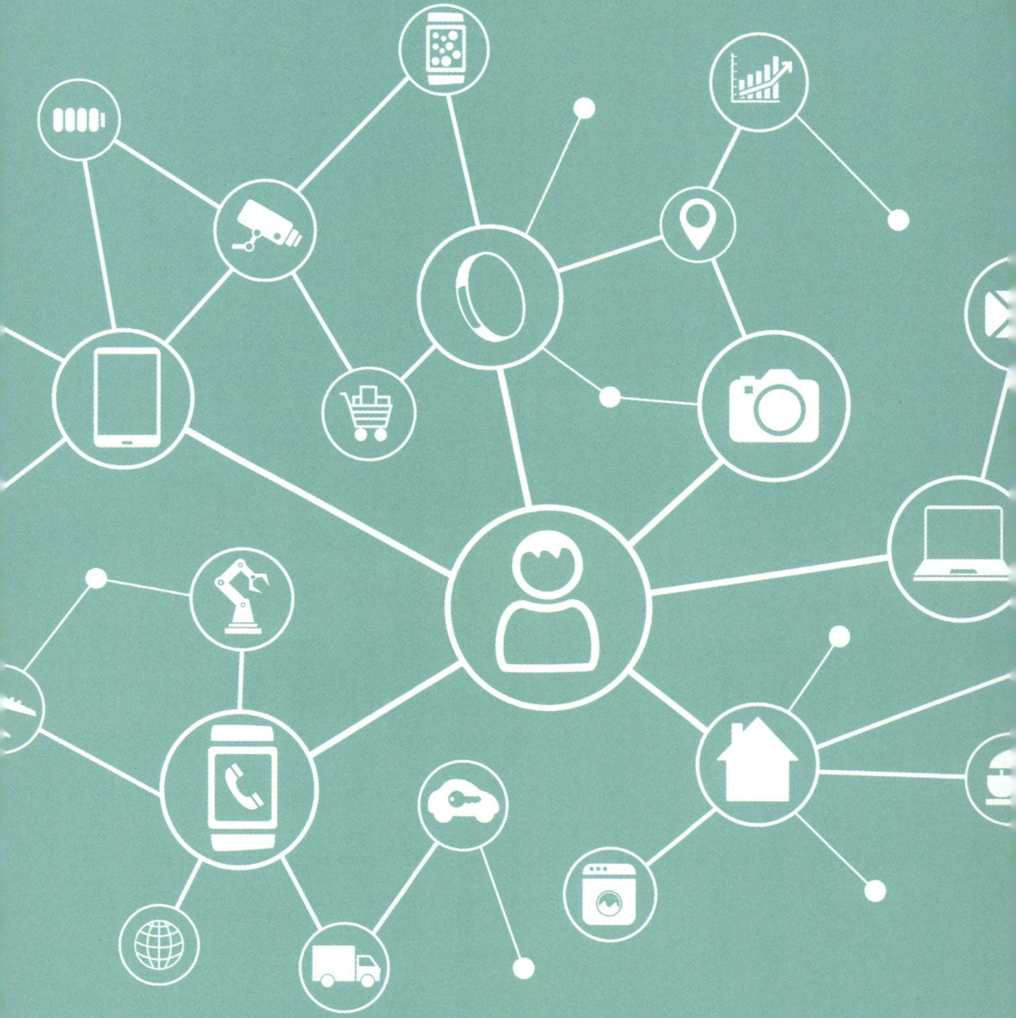

理论篇

互联网让工会工作向智能化方向不断迈进，成为建设智慧工会、普惠职工、满足多元化需求的必由之路。了解“互联网 + 工会”建设，就要从“源”说起，从“根”聊起。互联网从起源到发展，究竟是如何一步一步走进我们的世界，融入我们的生活？让我们回首互联网从出生到壮大的 50 余载，共同感悟互联网时代的变迁。

第一章

互联网时代工会工作面临的新形势

当前，我们正处在距离“中国梦”的目标比任何时候都更接近、实现“中国梦”的信心比任何时候都更坚定的时代，处在第四次工业革命方兴未艾的新时代。这个时代最突出的表现，就是互联网已经渗透到社会的每个细胞、每个领域，已经成为我们生活的“必需品”。可以说，无“网”不盛、无“网”不欢。

在互联网新理念、新模式、新技术与经济社会各领域深度融合的形势下，各级工会组织探索实施了“互联网 + 工会”工作体系，这既是时代的感召、发展的需要，更是职工的期盼、组织的未来，充分体现了工会组织强烈的改革创新意识和自我奋斗担当精神。为工会工作插上互联网的翅膀，运用互联网技术服务企业、服务职工，已经悄然渗透到工会工作的各个方面，成为广大工会工作者的行为习惯和工作方式。

在互联网时代下，要想让工会工作焕发生机、唤起未来，就要了解“互联网 +”的孕育、发展和壮大历程，探寻互联网力量背后的运行规律，明确“互联网 +”给工会工作带来的机遇与挑战……这些都是“工会遇见互联网”需要探索实践的时代课题。

第一节　互联网的发展

悦读向导

伴随着争议和不解，互联网第一次以“LO”两个字母面世，甚至连一整个“LOGIN”的单词都没有拼完，但并没有阻止它一发不可收拾的发展历程。它成长过程中所经历的五个阶段，至今为世人所津津乐道，它究竟是通过什么魔力，把世界和人类串联在一起，形成一个庞大整体的呢？让我们一起回顾这五个阶段。

互联网的发展阶段

“互联网”这个词汇，在中国由当初的鲜为人知到如今的无所不在，大约用了 20 年的时间。回望过去 20 年的发展历程，互联网的发展大体经历了以下几个阶段。

通信时代（1997 年以前）

从互联网的兴起到网站的出现，各自独立存储信息的计算机被连接起来构成了一个巨大的网络。对网络的应用更多地体现在沟通方面，如电子邮件、在线即时沟通工具等。虽然互联网的第一次通

互联网时代缩短了人与人之间的距离

信试验，只发出了“LOGIN”的前两个字母“LO”，但却史无前例地开启了以免费共享为主要特征的通信时代，这也标志着“第四次工业革命”的开端，标志着人类历史上最激动人心的时代到来。

互联网时代（1997—2006 年）

在世纪之交的 2000 年左右，互联网开始沿着文字—图片—音频—视频的轨迹发展，逐渐经历了由低到高、由文到图、由静态到动态的演进过程。网易、新浪、搜狐等门户网站的相继诞生，优酷、爱奇艺等视频网站如雨后春笋般地出现，正是互联网在这个阶段最突出的标志。

这一时期，网站开始提供听音乐、看新闻、看视频、玩游戏等更加娱乐化的基础服务。与前一时期相同，网络所提供的服务大多仍是免费，这使得整个互联网行业处于入不敷出的“烧钱”局面。中国第一家民营互联网企业瀛海威公司，即那家曾把广告牌竖到中关村，告诉世界中国人离信息高速公路还有多远（前方 500 米）的“中国织网第一人”，最终由于发展思路不清、盈利模式不明而黯然倒下。

市场化时代（2007—2011 年）

这一时期，互联网获得飞速发展。2007 年 6 月 30 日，我国网民达到 1.62 亿人，仅次于美国 2.11 亿人的网民规模，位居世界第二；截至 2008 年 6 月 30 日，中国网民总人数达到 2.53 亿人，首次跃居世界第一。2007 年，阿里巴巴在香港上市，电子商务成为一个引人注目的话题。同年，腾讯、百度、阿里巴巴市值先后超过 100 亿美元，中国互联网企业开始进军全球互联网这个大市场。

这一时期，互联网突破原有局限，形成了电子商务、社交娱乐、移动互联网等产业群体。2009 年，中国进入 3G 时代，各种业务纷纷向移动终端覆盖，移动电子商务、手机游戏、手机视频等新鲜概念和产品逐渐兴起，手机互联网的出现，让个人消费门槛大幅降低。阿里巴巴创造了“双十一”网购消费节，此后每年的 11 月 11 日成了“网民的消费狂欢日”。在此推动下，网购理念和网购消费习惯也得到进一步普及。

“互联网 +”时代（2012 年至今）

2012 年 11 月 14 日，在第五届移动互联网博览会上，有关专家首先提出“互联网 +”，并作出了相关解读：“移动互联网，它的本质离不开‘互联网 +’，‘互联网 +’应该是我们所在行业目前的产品和服务在与未来的多屏全网跨平台用户场景结合之后产生的一种化学公式。”

2013 年 11 月，腾讯董事会主席马化腾提出：“‘互联网 +’一个传统行业，意味着什么呢？其实是代表一种能力，或者是一种外在资源和环境，是对这个行业的一种提升。简单地说，就是以互联网平台为基础，利用信息通信技术与各行业进行跨界融合。”

2015 年 3 月，在第十二届人大三次会议上，马化腾提交了《关于以“互联网 +”为驱动，推进我国经济社会创新发展的建议》的议案，建议把“互联网 +”上升到国家战略层面。当年，国务院总理李克强在《政府工作报告》中明确提出“制订‘互联网 +’行动计划，推动移动互联网、云计算、大数据、物联网等与现代制造业结合，促进电子商务、工业互联网和互联网金融健康发展，引导互联网企业拓展国际市场”，正式掀起了“互联网 +”的智能化热潮。

“5G”与物联网时代的到来（2020 年以后）

5G 时代，也就是第五代移动电话行动通信标准的全面实施，将把我们带入一个崭新、颠覆性的起点，带入一个全新的万物互联的智能世界。在这个无线信息传输速度将实现“质的飞跃”的时代，会看到海量数据、海量机器、海量行业的转变。当然，这种转变也会给我们现行的工业物联网的发展带来全新挑战，更会给我们现行工作体系和模式带来更多的机遇和挑战。随着时代的发展、科技的进步、人们思想的转变，把工作的理念主动融入当今的时代浪

5G 时代，一个崭新、颠覆性的起点

潮，以创新的举措不断更新我们的思维认知，以更新的思维模式推动时代和社会发展，将成为今后一个时代的主流。

“互联网 +”的由来

如同所有的新生事物一样，言人人殊。《国务院关于积极推进“互联网 +”行动的指导意见》(国发〔2015〕40 号)中，对“互联网 +”做了如下阐释：“互联网 +”是把互联网的创新成果与经济社会各领域深度融合，推动技术进步、效率提升和组织变革，提升实体经济的创新力和生产力，形成更广泛的以互联网为基础设施和创新要素的经济社会发展新形态。这是目前对“互联网 +”概念最具权威性的表述。

通俗理解，“互联网 +”就是将互联网与传统行业相结合，促进各行各业加速发展。但“互联网 +”并不是简单的两者相加求和，而是利用信息通信技术以及互联网平台，让互联网与传统行业进行深度融合，产生乘数效应，创造新的发展生态。从这一意义上来讲，“互联网 +”更准确的表述或许是“互联网 ×”。“互联网 +”不仅会催生新的行业，还代表着一种新的思维方式、一种新的发展模式、一种新的经济社会形态。

一般来说，“互联网 +”有以下几个方面的特征：

一是跨界融合。“+”就是跨界、就是变革、就是开放、就是重塑融合。跨界会使创新的基础更坚实，融合会使群体的力量更协同。“互联网 +”本身可以理解为产业互联网化，主要是传统产业跟互联网的融合，利用互联网的优势、技术、思维、模式创新出一种新的业态，促进传统产业的转型升级。这种融合不仅是传统产业形态和互联网技术层面的融合，也是互联网思维和互联网商业模式对传统产业的渗透。传统产业需要去拥抱互联网，互联网也更要全面融入传统产业。

二是创新驱动。经济学大师熊彼特在 1912 年出版的《经济发展理论》一书中，首先诠释了“创新”一词。他认为，将已发明的事物发展为社会可以接受并具商业价值之活动，谓之创新。管理大师彼得·德鲁克于 1985 年亦对“创新”作出定义：赋予资源创造财富的新能力，使资源变成真正的资源。每一个时代，总有一种创新技术引领着这一时代的快速发展，就像第一次工业革命中的蒸汽机、第二次工业革命中的电气化、第三次工业革命中的计算机。在当今这个时代，互联网已成为带领时代创新的主导技术和平台。

三是美丽转型。在信息革命与全球化的浪潮中，互联网产业的发展，已突破原有的社会结构、经济结构、地缘结构、文化结构，并在突破中展现出新的生机和活力。互联网的推广和普及，极大地解放了社会生产力，增强了信息和知识要素在各个产业的重要性。举个例子来说，互联网与农业的结合促进现代农业的发展，互联网与工业的结合促进现代工业的转型升级——如德国推出的“工业4.0”和我国正在实施的“中国制造 2025”。互联网在物流、商贸流通、金融行业的应用促进了传统服务业向现代服务业的全面转型。在过去几年中，我国“互联网 + 传统行业”的理念在零售、金融、交通等服务行业中遍地开花，已经极大地改变了我们的日常生活。

四是以人为本。在任何一个时代，人都是最活跃的生产力因素，人性的光辉是推动科技进步、经济增长、社会发展、文化繁荣的最根本力量。互联网的力量之所以强大，最根本上源自对人性的尊重，对用户体验的追求，以及对大众创造性的重视，这正是互联网不断焕发迷人光彩的要义所在。互联网改变了人们的生活方式、交往方式，以及感知世界的方式，多种文明的交流与互鉴亦成为可能。“互联网是为每一个人服务的”，大量免费应用的开发、相对低廉的接入费用，以及智能终端的大规模普及，使得人们能够享受到更便捷、高效、优质的服务，使得互联网成为人们获取信息、丰富知识的平台。在“互联网 +”时代，“数字化生存”不再是一个概念，而成为我们实实在在的生活方式。

五是开放生态。开放生态是“互联网 +”非常重要的特征，其最显著、最突出的例证，就是知识的开放、信息的共享。市场占有率极高的 Android 系统手机，就是基于 Linux 架构开发的，而这个架构的最大优势就是开源。全球所有相关人员都可以免费获得代码，开发出性能更加优越的手机系统，为客户提供更加便捷的使用体验。而这仅仅是互联网开放生态的“冰山一角”。从趋势上说，社会化的开放平台更具发展前景。推进“互联网 +”，其中一个重要的方向就是突破过去创新的瓶颈，利用互联网把“信息孤岛”连成“创新大陆”，让创业者更有机会，让实干者更有激情。

六是连接一切。跨界需要连接，融合需要连接，创新需要连接。马化腾在关于“互联网 +”的建议中，将最终落脚点放在构建一个连接一切的新生态上，比如微信本质上就是一个“高效连接器”。连接是一种对话方式、一种存在形态，连接就是“互联网 +”的本质所

连接就是“互联网 +”的本质所在

在，在即将到来的5G时代，强大的网络终端服务和强大的云端计算能力，将把能联网的实体全部接入互联网中。可以相信，在“互联网+”的时代，互联网已不再是一个行业，而是跳出行业范畴，真正成了国民经济和社会发展的引擎——是效率的引擎，也是创新的引擎。

从2015年“互联网+”概念在政府工作报告中的首次现身，“互联网+”被充分运用到了各行各业，成为改善传统行业模式的重要手段。到2019年全国“两会”，人工智能连续三年写入政府工作报告，并且逐步向“智能+”演进，既体现了“互联网+”的强大生命力，更体现了这一概念在改变传统行业方面的强大推动力和吸引力。其实，从“互联网+”到“智能+”，政府工作报告表述变化的背后，是中国人生产和生活方式的又一次升级迭代，也是技术发展的必然结果。

第二节 “互联网 +”在企业的应用

导读向导

时代的快速发展，互联网已经覆盖了我们日常生活的方方面面，传统行业的各大企业也在经历一番挣扎后对互联网敞开了大门。这就像是“催化剂”，催生人们生活方式的转变、催生企业生产经营、管理服务模式的转变，更催生了一系列的“互联网 +”，让传统的经营和行业绽放出了时代的新光芒。

互联网与企业转型那些事儿

互联网发展的架势是，侵入一个一个传统行业的地盘，先是蚕食，后是冲击，最后是颠覆，侧面试探演变为正面竞争，正面竞争演变为全面洗劫。

——新东方教育科技集团董事长　俞敏洪

前面讲到，互联网发展经过了五个相对明显的阶段，其中，尤其以第四个阶段“互联网 +”时代最为光彩夺目。因为这个阶段，互联网不仅在传媒领域得到了极大的延展和丰富，更为重要的是，它主动“+”了各个传统行业，让我们以往认为的不可能都变成了可能，以往的传统和封闭都变成了现代和开放。“互联网 +”也让更多人茅塞顿开，原来，互联网还能做这些事；原来，互联网与我如此接近。正是这个阶段，成为互联网大范围植入人心的最迅速、最有影响力的阶段。

回想那个年代，当互联网成功“攻占”了聊天、资讯、邮件等“沿海阵地”之后，谁也不会想到有一天它会朝向各类企业进攻，而且是如此势如破竹，不可抵挡。

马云、马化腾、雷军、俞敏洪、丁磊、李彦宏等一大批耳熟能详的名字，在互联网的世界里横空出世，成为首批“吃螃蟹”的人，也成为全国最为杰出的互联网企业“代言人”。

有人说，他们是运筹帷幄之中、决胜千里之外的“商界枭雄”，手里握有大量的资源，掌握了足以影响一个行业的庞大数据，还拥有了旁人难以企及的创新思维。在他们的影响下，似乎做出任何的决策和举动，都是合乎互联网时代逻辑的，在巨大资金的支持下，当初的一些骨感的理想都能被转化为丰满的现实。而对于传统行业而言，在长期运行中都形成了非常系统的工作逻辑和思路，互联网可以对日常工作做出一些“锦上添花”式的改变，但是还不足以对传统行业的发展产生深远影响。

有许多企业就在互联网转型的过程中，误入了“雷区”，美特斯邦威就是其中的一个典型的例子。2010 年，美特斯邦威耗资

7500 万元推出服饰电商平台“邦购网”。仅一年时间，邦购网就因盈利困难被剥离出上市体系。2013 年，美邦集团收回邦购网，试图通过全新的 O2O 业务，整合线上线下渠道，解决库存积压问题，但收效甚微。邦购网也一直经营惨淡。而近期的美邦，在经过大量的市场调研之后，正在通过优化品牌设置和品牌战略，重塑市场环境。终于，历经了转型失败的美邦，开始扎扎实实地走起了基础巩固的老路子。从这里可以看出，如果不理解企业的核心营销模式，不精心做好传统商务，在线商务肯定做不好，互联网转型也必将成为一纸空谈。

转型，还是不转型，成为人们争论的焦点。而最为集中的争论点，出现在了雷军和董明珠的赌局上。

在“2013 中国经济年度人物”颁奖现场，小米科技 CEO 雷军说:“小米模式能不能战胜格力模式，我觉得要看未来 5 年。请全国人民作证，五年之内，如果小米的营业额击败格力的话，董明珠董总输我一块钱就行了。”董明珠则强势回怼:“第一，我告诉你这不可能；第二，要赌我跟你赌 10 个亿。”

这是一场新兴企业与传统企业的较量。

这五年，小米趁着互联网的风口不断扩张，迎来高速的增长，5 年营收增长逾 3 倍，而且顺利在香港上市。除此之外，小米手机年出货量已超过 1 亿部。小米电视、盒子、路由器等各类智能家居产品，甚至还有小米空调全面上市，产品多样化不断在进步。而格力在家电领域做到了全覆盖，除了王牌产品家用空调、中央空调以外，热水器、冰箱等各种生活电器产品也是应有尽有。但是，最终格力还是以微弱的优势险胜小米，这场赌局也就尘埃落定了。看似传统的实体企业获胜了，但是其中又在多大程度上依赖了互联网呢，或者说换个说法，如果没有互联网，格力的胜算又有多少呢？我们可以大胆地设想一下。

但是，从另一方面来看，这两大企业又都是赢家。

一个共同点就是，一个传统实体企业和一个新兴的互联网公司，都在依靠互联网完成自我转型与开疆拓土，都在完成高速度的“自我进化”，无论是把过去传统产业赋予新的互联网内涵，还是主动让互联网穿透传统制造业的壁垒，最终，都是互联网与各行各业的深度融合，最终都是传统企业在互联网之下获得的“新生”。

从这个角度来看，企业互联网转型这条路不仅能走得通，而且还能走得精彩。

“互联网 +”在企业遍地开花

现代的企业，几乎都融入了互联网之中，有依靠互联网起家的新兴公司，有依靠互联网经营与实体经营共同开辟商业天地的公司，还有将互联网元素注入传统行业的公司，总的来说，互联网已经或多或少地渗透进了我们所有的行业企业，只不过有的是作为谋生的基石，有的是作为一种效率变革的手段。

互联网带来的商业模式变更。占渠道、关注流量、关注用户、关系重构、平台、跨界等一系列新名词的出现，说明了互联网对大量企业造成的影响。以往的销售模式、供应链管理在互联网时代下都显得捉襟见肘，唯有做出调整和改变，才能适应当前新的发展节奏。

互联网＋用户体验。这是一个老生常谈的话题，抓住了用户就等于抓住了一切。我们现在接触到的所有软件，几乎都会弹出一个或几个对话框：加入某某软件的用户体验计划。其实这就是关注用户体验的一种方法。关注用户的体验细节，让用户感知到每个细节的改变，一定会得到用户的认可与好评。

互联网＋服务升级。互联网直接拉近了企业与客户之间的距离，使企业同时与上百个客户开展互访已经成为可能，我们在购买商品后，在第一时间接到企业的电话、短信，咨询产品的使用情况，了解产品的改进建议，几乎成了规定的动作。温馨的提示带给客户的优越感和亲切感，让客户能够充分感受到温暖，自然也有助于自身销售业绩的提升。

互联网＋产品改进。在实现了与所有客户零距离对话的基础上，把产品做成所有客户心目中理想的产品瞬间成为可能。小米公司下大力气打造的“微博拉新、社区沉淀、微信客服”体系化运营架构，与上百万的粉丝直接对话，听取所有客户对于产品的意见和建议，帮助自己的产品做出改变，让自己的产品更加贴近用户的需求，也就能更好地把握市场的脉搏。

互联网带来工作效率的变革。除了市场、客户、渠道等企业运行的核心要素，互联网技术也成功地在企业内部运营管理上提供了多种解决方案。大数据的使用、日常管理流程和业务的完善、经理层的快速决策、党政工团各级系统的规范化运作等，都越来越多地依赖于互联网技术提供的基础数据支撑和信息来源支撑，可以说，互联网的注入也对传统的管理模式发出了新一轮的挑战。

互联网＋大数据。数据是可以说话的，以往我们很多的数据苦于无法收集、无法整理，导致了大量珍贵有价值的数据丢失，原本我们能够凭借数据还原事物本来的面貌，因为数据丢失却只能对现状来个局部素描。到了互联网时代，全部的数据都可以通过网路归集到一个大的数据库中，形成一个珍贵的数据来源，对今后的企业运营提供决策支持。此时的数据，已经变成了企业珍贵的“无形资产”。

互联网＋管理。企业的日常管理过程中，如果没有互联网，很难想象是个什么现状。无论是各种资源的协调平衡，还是各生产单元日常生产过程的管控，现在已经全部通过互联网的形式公之于众了。而且，日常管理的网络化、流程化、表格化已经成为各个企业内部管理的共识，日常运行的数据自动成为报表、日常流转的文档自动进入流程等，极大地方便了我们的日常管理，成为提升管理效率的有效工作手段。

互联网＋党群。互联网不只是在行政工作中占领了高地，在日常的基础党务、群团工作中，也有着举足轻重的作用。“互联网＋党建”“互联网＋群团”等工作在全国各个行业的多个企业中都有成功的案例和广泛的应用。通过互联网把所有的党群工作整合到一个平台上，开展日常的督导与展评，已经成为各级党群干部的共识。特别是在工会工作中，全国各个企业的工会组织积极谋求自身的互联网转型与升级，在互联网技术的应用上作出了诸多探索，“互联网＋工会”工作呈现出百花齐放的态势。由此可见，互联网技术不只对企业的营销和管理产生了深远的影响，更对各级工会干部的思维方式和工作方式产生了影响。职工通过网络获得了工会组织的关心与关爱，工会通过互联网实现了更加精准的服务与帮扶，互联网在一此一彼的过程中拉近了与组织的距离，职工找到了组织，组织找到了职工，使工会组织的作用发挥得更加有温度。在这个过程中，更彰显出了各级工会组织的责任意识与创新意识，让工会在与互联网的“邂逅”中产生出绚丽的“化学反应”。

e链接

据中国互联网信息中心(CNC)发布，2013年网购交易金额达到了1.85万亿元，用户人数达3.02亿。然而2011年中国网民在线购物交易额只有7849.3亿元。

2009年，中国电商行业凭空造出一个所谓“双十一”的购物狂欢节，定在11月11日。以淘宝和天猫为主角的电商利用各种宣传造势，各种优惠和打折，吸引网上的消费者，使这个原本再平常不过的日子变成了一个全民狂欢的购物节，让中国网购在这一天达到高潮。仅在“双十一”这一天，2009 年淘宝天猫卖出了 5200 万元；2010 年则是 9.36 亿元，增长达到不可思议的 1700%。2011 年的交易额 52 亿元，2012 年是 191 亿元；到 2013 年就达到 350 亿元，支付宝实现成功支付 1.88 亿笔，刷新 2012 年同期壹亿零伍佰捌拾万笔的全球纪录，最高每分钟支付 79 万笔；2015 年是 912 亿元，2018 年这个数字最终定格在了 2135 亿元，十年间增长了 4270 倍，这样的增长速度，着实创造了一个商业界神话。

第三节　工会遇见互联网产生的“化学反应”

悦读向导

化学反应，有的激烈、有的平和，有的暴躁如雷、有的绚丽多彩，而工会遇见互联网，则碰撞出了美丽的火花。工会工作的网络化，成为时代发展的主流。革旧图新，“互联网 +”为工会工作带来了种种新布局、新变化、新挑战，牢牢把握先进性、创新性、群众性，方能延长“反应时间”，提升“反应速率”，推动工会服务的高效化、精准化、普惠化。

习近平总书记指出，信息网络时代的政治工作，只有抓住“信息力”，才能增强“生命力”。在“互联网 +”的时代，各项技术的迅猛发展和广泛应用，对我们的学习、工作、生活产生了广泛而深远的影响。中国互联网络信息中心发布的第 43 次《中国互联网络发展状况统计报告》显示：截至 2018 年年底，我国网民规模达 8.29 亿人，全年新增网民 5653 万人；手机网民规模达 8.17 亿人，通过手机接入互联网比例高达 98.6%。互联网已成为一个最大的信息集散地和重要的社会舆论场，运用互联网做好新时代职工群众工作，已经成为各级工会组织适应新形势、深化改革创新的思想共识。

在“互联网 +”语境下，职工在网上、活动在网上、资源在网上、市场在网上、舆论在网上，职工群众呼唤与工会组织进行“指尖交流”，工会也迫切需要改进传统的工作方式方法。因此，“互联网 + 工会”成了时代发展的必然选择。紧跟科技发展，正确认识和把握网络特征，主动触网、管网、用网，将“互联网 +”与工会工作充分融合，发挥网络的传播优势、技术优势、快捷优势、管理优势等，不断提升、改进、丰富新时代工会工作，也成为各级工会组织发挥工作优势、贴心服务职工的行为共识。

引领变革之舞，以时代性促先进性

党的先进性赋予它所领导的群团组织具有天然的先进性。作为工会组织来说，需要牢牢把握政治性、先进性、群众性这一根本属性，始终增强自身的政治定力与服务能力，把自身定义为先进于职工群众而不是落后于职工群众的组织，才能引领变革之舞。团结带领职工群众走在时代的前列，必须具有先进的思想、先进的理念、先进的文化以及紧跟时代发展潮流的先进方法和工具，这样才能承担起团结、引领、教育、服务职工群众的重要职责。在全球进入网络化时代的大背景下，如果群众工作思路、方法还处于“前互联网时代”，就会发生错位和滞后，工作成效大打折扣。因此，在互联网时代，工会组织必须紧跟时代发展步伐，树立和强化互联网思维，积极利用互联网的思维、方法、规则以及精神、价值来创新思考和谋划工作，将现代技术与传统工作方式相结合，相辅相成、相得益彰，积极研究工会工作网络化的规律，探索运用互联网技术推动工作创新，搭建工会工作网络平台，促进工会工作更加富有实效。

“虚拟”与“现实”连接，以跨界性促创新性

互联网技术的快速迭代与更新，让人们更频繁、更真切地感受到科学技术的进步幅度和倒逼改革的蹄疾步稳。互联网的发展，使工会工作不能再局限于传统范畴、传统手段，而是要不断汲取社会发展进步的新成果，进行跨界整合、不断创新，形成具有多学科支撑的不断发展的工作体系。“跨界”这个“界”是各学科之界、各专业之界、各领域之界，更是网络虚拟与现实存在之界。比如，依托网上学习系统，搭建职工网上练兵、培训、评价平台，提升职工理论知识水平。再如，运用 3D 动画技术构建“VR 实操”练兵系统，将炼铁炼钢的高炉、转炉和轧钢生产线“搬”到网上，用网络模拟现场操作，提高职工精准操作水平，这也是实现网络虚拟与现实操作有效连接的具体表现。

让职工当“主角”，以草根性促群众性

习近平总书记在中央党的群团工作会议上指出，“要坚持从群众需要出发开展工作，做到精准服务、供需对路”。互联网为群众

文化、草根文化的诞生奠定了基础。网络时代，人人都是自媒体，网络成了广大民众彰显个性、表现自我的最佳场所。工会是党联系职工群众的桥梁和纽带，其根本特点是群众性，其工作宗旨是以人为本，任何工作和活动都要以职工为中心，让职工当主角、上前台，而不能让职工当配角、退幕后。因此，网络时代倡导群众性，就必须利用群众的“自媒体”进行教育引导，必须把职工群众的愿望作为“晴雨表”，依据职工群众的“生物钟”开展工作，运用网络手段更直接和便捷地服务职工群众，全时空、全领域、全方位回应职工关切的问题，走好网上群众路线，架好“连心桥”、当好“娘家人”，把工作做到职工心坎上。

“互联网 + 工会”工作中的“摩擦力”

“互联网 +”时代，各级工会组织因势而谋、应势而动、顺势而为，在探索应用互联网服务职工方面进行了许多有益尝试，有力促进了工会各项工作的开展。但是不容否认，工会在“互联网 +”时代也面临着一些挑战。

传统工作思维的挑战。当前，有些工会干部在主观意识上对互联网还存在着一些认识误区。一是路径依赖、思维定式。少数人的思维还停留在“前互联网时代”，认为“互联网 +”就是在原来工作的基础上，开发几套软件做电子化替代。由于对传统手段使用起来得心应手，对过去的工作方式存在路径依赖，行动遵循惯例和决策，沿袭和强化过去的路径偏好，不能摆脱固有思维的束缚。二是知识陈旧、本领恐慌。早在延安时期，毛泽东同志就曾指出："我们队伍里有一种恐慌不是经济恐慌，也不是政治恐慌，而是本领恐慌。过去学的本领只有一点点，今天用一些，明天用一些，渐渐告罄了，好像一个铺子，本来东西不多，一卖就完，空空如也，再开下去就不成了，再开就一定要进货。"毛泽东同志指出的"干部进货"就是学习本领。这一问题在今天同样重要，面对知识"折旧率"很高的时代，如果不注重学习，知识就会老化，能力就会退化。而现实中，少数工会干部却对学习互联网时代的新技术望而生畏，对网络时代新的工作方式不适应，导致在互联网时代开展群众工作业务不精通、情况不了解、干事不自信、遇事无主张。

传统工作方式的挑战。互联网时代是连接的时代，如果说工业时代的奥秘是分工，那么互联网时代的奥秘则是整合，是信息互通、资源共享、社会合作。这既对各部门加强协同提出了新要求，也为各部门形成工作合力提供了新平台。但在当前，各级工会组织在工作中

工会"互联网+"的时代已经到来

还不同程度地存在着单干、封闭、独享的思维方式和行为方式，虽然各自掌握一定的信息资源，但由于相互之间缺乏充分的交流和有效的协调，导致整体效率不高，甚至造成部门之间各自为战、互相掣肘。一些工会组织在信息建设上投入了大量资金，但由于标准、接口、编码不统一，难以实现互通、共享，不仅形成信息孤岛、条块分割，也造成重复建设、资源浪费，这些问题在工会内部都不同程度地存在着。

第四节　工会遇见互联网所带来的新机遇

悦读向导

工会拥抱互联网，为工会工作的革新发展带来了新的机遇，为工会工作方式的转变提供了平台资源保障。运用好互联网平台，有效扩大工作覆盖面；运用好互联网工具箱，实现工会服务的高效便捷；运用好互联网服务网，增强工会会员的幸福感。这，就是工会遇见互联网所带来的新机遇。

互联网不只是一种技术，更是一场席卷人类社会各方面的革命。如何将广大职工特别是新经济业态下中小微企业职工有效地组织到工会中来，如何对数以亿计的职工会员和近300万基层工会组织进行精准的大数据统计、管理和服务，如何满足广大职工不断增长的维权和服务需求，增强工会会员的获得感、归属感，提升工会组织的吸引力、凝聚力，“互联网＋工会”为此提供了资源手段和解决方案。通过运用互联网、大数据、云计算、新一代人工智能等先进信息技术工具，构建工会智能化服务职工体系，为职工提供普惠性、便捷性、精准性、常态性服务，形成线上线下相互融合的工会工作新格局。

“互联网 +”扩大工会“朋友圈”

互联网平台特定的属性和功能，能够使工会组织最大限度地拓展服务内容，扩大工作覆盖面和服务受众范围。如利用工会网站、微信、微博等 App 载体，创建困难帮扶、在线维权、婚恋交友、心理关怀等互动通道，职工群众可以随时随地借助网络表达工会服务诉求，真正做到哪里有职工，哪里就有工会组织提供的热诚服务，实现服务对象全覆盖、服务时间全天候、服务体验零距离。“互联网 + 工会”工作凸显过程的互动性，不仅扩展了工会工作的活动空间，也为工会面向社会化工作的发展提供了保障，借助信息平台广泛了解和掌握职工的生活和工作动态、诉求和意愿，拉近工会组织与职工之间的距离，吸引更多的职工参与进来，使工会服务职工的覆盖面更广、更有效。

“互联网 +”配齐工作“工具箱”

在过去，工会工作仅依靠传统的手段来开展，不管是传播速度还是反馈时间都相对滞后。互联网的普及和现代科技的发展，提供了丰富的技术手段，让我们能够以更加简单有效的方式完成更加复杂的工作，节省大量人力财力物力，极大地提升工会工作的效率。在沟通交流上，我们有微信、微博等各类 App 通信工具；在工作效率提升上，我们有各类的网络平台可以使用；在无纸化办公上，我们又可以选择各种 OA 系统来辅助我们提升办公效率……可以说，只要你能想到，互联网平台就能提供出各种平台和手段，帮助我们更好更快地完成工作。在“互联网 +”的大工具箱中，我们可以随手挑选称手的“工具”，让工作内容和效果实现质的飞越。

“互联网 +”织密工会“服务网”

运用“互联网 +”，进一步优化工会的工作内容和活动方式，可以最大限度地解决当前工会工作存在的“基础薄弱，吸引力、凝聚力不够”等问题。通过网络信息平台的建设，工会组织也可以建立自己的“广播站”，踊跃发出自己的声音，弘扬职工新风尚，传递时代正能量。运用微博、微信公众号等宣传劳动模范的典型事迹，展示新时期职工的精神风貌，就是其最典型的应用。“互联网 + 工会”还能为职工提供更多表达诉求的渠道，更多贴心普惠的服务，让广大职工切实感受到“工会就在身边”“职工的娘家人一直都在”，切实增强工会组织的凝聚力和吸引力。

第五节 “互联网 + 工会”的力量

悦读向导

工会的互联网变革，可谓是风生水起、生机盎然。思维方式的转变、认知方式的转变、工作模式的转变、服务温度的转变等，都在彰显互联网对工会工作所施加的推动力。这种力量来得如此势如破竹、势不可挡，使各级工会工作者没有任何抗拒之力，只能顺应时代、顺应潮流，进行明智、迅捷的华丽转身，这也让工会工作在互联网的时代背景下体现出了强大的影响力，为工会工作转型发展开辟了更为广阔的空间。

深入推进“互联网 + 工会”工作，有利于推动工会在工作路径、思维方式上发生根本的转变，这种转变将推动工会工作产生质的飞跃，将会更好地发挥工会组织的桥梁和纽带作用，更加有效地提升工会服务大局、服务职工的能力，从而让职工有更多、更实在、更直接的归属感、获得感、幸福感。

▶▶ “互联网 + 工会”促进认知方式和思维模式转变

在网络社会里，人们的交流、交往和交易撕掉了象征地位、权力、身份的标签，一定程度上实现了“众生平等”。但在传统的工会工作中，工会组织往往根据经验去组织活动和采取相应措施，而不是运用“用户思维”去倾听职工的声音。有效收集职工需求，掌握“会情”，尊重职工的个性发展，才是正道、王道。所以，互联网从根本上改变了人与人之间的沟通方式，使社会联系由传统的层级制转变为“去中心化”和“扁平化”。

▶▶ “互联网 + 工会”让用户思维与用户体验更加完美

在企业，“用户思维”的本质就是“职工思维”，就是要始终站在职工立场，围绕职工群众的“生物钟”开展工作，从职工的角度考虑问题、设计项目，推动职工群众全程参与，更好地为职工服务。“用户体验”是一种纯主观感受，表现在：职工参加工会组织的活动后，自身体验好不好、认不认同、获得感强不强等；换一种说法，各级工会组织煞费苦心去开展的工作和活动，到底是不是职工想点的“菜”呢？这需要深入调查分析，掌握一份职工的需求“清单”，同时，要明确工会组织能够为职工提供的服务“清单”，把这两份“清单”进行有效的对接，才能迈出精准服务的坚实一步。

“互联网 + 工会”倒逼工作创新与改进

2015 年，全国总工会改革试点方案把“创建工会网上工作平台”列为改革试点的重点工作。2017 年 2 月，中华全国总工会印发《全国工会网上工作纲要（2017—2020 年）》，进一步明确了工会网上工作路径。对各级工会组织来讲，深化“互联网 + 工会”工作，关系工会组织的吸引力和凝聚力，关系工会工作的有效覆盖面，关系党执政的群众基础。推进“互联网 + 工会”，就是落实群团改革要求，以职工需求为导向，以信息化手段为依托，通过工作上网和贴心服务，加强工会组织和职工之间的联系，更好地联系职工、凝聚职工、组织职工，推动工会工作更有生气、工会组织更有人气、工会干部更接地气，不断提升工会组织的政治性、先进性、群众性。“互联网 + 工会”就是把大数据、云计算、智能化、移动互联网应用在工会领域，运用现代信息技术手段创新工会业务流程，给工会工作插上信息化的翅膀。在互联网深度融合的大背景下，“网络化生存”已成为常态，工会工作的思路、方法、途径如果还停留在过去，将很难满足职工多元化、个性化的需求。当遇到“老方法不管用、新方法不会用”的难题时，如果再不能很好地运用互联网思维去做好工会工作，工会的功能作用就会被逐渐弱化，甚至边缘化。

第六节 “互联网 + 工会”的思维创新

悦读向导

思维方式决定了行为方式，行为模式的转变首先是思维方式的转变。工会遇见互联网之后所产生的一系列化学反应、做出的一系列动作变化，其背后都是有成套的思维逻辑贯穿其中，正是这些思维逻辑担任着智慧工会“总参谋部”这一生动的角色，我们才得以见到“互联网 + 工会”的勃勃生机。用户思维、粉丝思维、服务思维、产品思维、平台思维、跨界整合思维的提出和深化，为工会工作更好地融入互联网提供了方向和路径。

推进“互联网 + 工会”工作，是一项系统而又复杂的工作，需要不断地进行理论层面的创新和探索，把握关键因素，找准切入点，指导“互联网 + 工会”工作推进实施。

“互联网 + 工会”的六种工作思维

“互联网 +”的“+”，不仅仅是技术上的“+”，更是思维、理念、模式上的“+”。“互联网 + 工会”，就是让工会工作插上信息化的翅膀，敢于打破传统的思维模式、运行机制、活动方式，更好地为职工服务，提高工会工作的效能。作为一名工会干部，需要把握以下六种互联网思维。

用户思维。在“互联网 +”的时代，用户至上是一条不变的真理，掌握用户也就掌握了工会工作发展的契机。对工会干部来说，培养用户思维成了势在必行的事情，只有坚持以职工为中心，“互联网 + 工会”进程才能更好、更快地迈开步伐；只有无条件地站在职工的角度来思考问题，一切围绕职工转，一切从职工出发，才能精准服务于职工需求，才能给职工最好的用户体验。

粉丝思维。在“互联网 +”的时代，只有拉拢、吸引、黏住“粉丝”，才能赢得互联网天下。简单地说就是得“粉丝”者得天下。支撑工会网上平台的不是用户，而是“粉丝”。只有学会尊重“粉丝”、吸纳“粉丝”甚至讨好“粉丝”，学会把所有的职工都变成工会的“粉丝”，才是最直接、最有效的“涨粉”举措，才能确保工会互联网平台在“粉丝”的支持下完善和发展。

服务思维。在“互联网 +”的时代，用户体验优劣是一个平台能否可持续发展的关键，而要想提升用户体验就需要提升平台服务的层次。优质的服务是保障工会互联网平台生命力的基础，工会干部更应该培养自己的服务思维，带领工会互联网平台团队打造让人称赞的平台服务。善于抓住职工的痛点和兴奋点，以给职工提供最好的服务为宗旨，把平台做好，做到极致，做到比职工想象的更好甚至给职工带来惊喜，才是服务思维的真正魅力所在。

产品思维。产品不仅是技术或能力的输出，更是用户需求的体现和归宿。拥有“产品化思维”，才能更好地拥抱变化、拥抱互联网。要把职工的热切期待作为利用有限资源打造互联网产品的根本驱动力，把职工的根本需求落脚为类似 App 一样的可视化互联网产品，及时给职工提供一个图形化、实质化的用户体验，才是实现“互联网 +”的最根本路径。同时，我们从设计方案到产品落地方面效率要高，让职工在第一时间得到最佳的用户体验。

平台思维。“互联网 +”时代也是一个“平台的时代”，通过建立形式各异的平台，工会能够将很多线下工作转移到线上来，从而丰富工会互联网平台的内容，打通工会和职工互动的通道。这就需

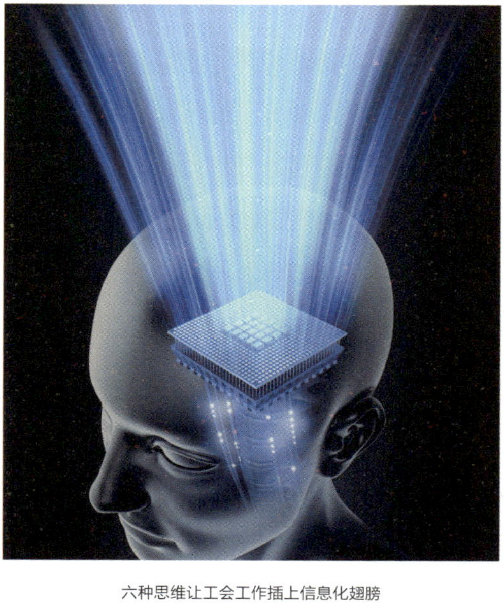

六种思维让工会工作插上信息化翅膀

要工会干部具备开放、共享、共赢的平台思维。工会互联网平台要有合作共生、互惠互赢的理念，让工会的平台价值最大化，真正既促进工会的工作，又凝聚人心，把工会平台建成连接企业、职工、工会的综合性大平台。只有建立彼此共生的关系，才能给工会互联网的发展带来无尽的动力。

跨界整合思维。随着“互联网＋”的模式深入工会工作领域，一种全新的思维模式——跨界整合的思维产生了。工会干部应学会这种跨界与整合的思维，主动联合、整合其他领域资源，用集体的优势和力量给工会带来崭新的面貌。致力于去发现职工究竟关注什么内容，进而与拥有这些内容的主体进行跨界和融合，给职工带来实实在在的体验和获得感，只有这样才能让工会工作更有“粘性”。

线上线下一体化服务平台的构建

系统建设工会网上工作平台。推进“互联网＋工会”建设是一项系统性工作，工会组织有自己的职能，而互联网则有其独特的运行规律，找准自身定位，系统谋划，做好顶层设计是关键。紧密结合工会工作实际，牢牢把握职工群众的思想行为特点和互联网工作的规律，从功能定位、受众对象等方面入手，把握职工群众思想诉求、热点关注、活动爱好，科学设计网络平台功能和运行方式，增强工作的系统性、整体性、协同性，提升平台运行的科学化、精准化水平。

深度融合线上线下服务职工模式。线上平台是展示工会形象的“新窗口”，线下平台是检验工会服务的“试金石”，坚持网上工会建设与网下工会改革联动推进、同步协调、紧密契合，实现工会工作以线下为主、向线上线下互动融合的转变，是推动“互联网＋工会”的核心要义。在建立线上平台的同时，对线下工作进行优化重组、建立配套机制，使线上线下相互促进、有机融合。同时，充分发挥工会的组织优势，广泛调动基层工会工作的积极性和主动性，突出服务落地，打通线上线下服务职工“最后一公里”。

构建一体化服务平台运行长效机制。从队伍建设、运行方式、工作保障、工作评价、考核激励等方面，积极探索研究活动运行规律，收集用户意见建议，不断完善网络平台运行模式，改善职工的用网体验，提高用网便捷度、吸引力和用户黏性。同时，及时总结网络平台运行经验，加大宣传推广力度，持续扩大平台影响力，着力打造“互联网＋工会”工作品牌。

“互联网＋工会”服务职工模式的创新

建设服务网，拓展服务范围、延伸工作手臂。能否为职工提供实实在在的服务，帮助职工解决实实在在的问题，是决定网络平台吸引力、生命力的重中之重。结合职工群众需求，努力构建普惠的工会网上工作模式，如创建与商家合作的网上普惠职工服务项目等。此外，还要创建工会政策信息、法律咨询维权、培训就业咨询、技能提升竞赛、职工生活服务等模块，形成工会资源共享服务一体化，延伸工作手臂，缩短服务距离，把工会组织与广大职工群众双向实时连接起来，实现服务对象全覆盖、服务时间全天候，让职工切实感受到工会温暖可靠、近在身边。

依托大数据，实现互联互通、互助共享。工会组织需善于运用大数据技术，实现大数据资源的互联互通、互助共享，推进工会舆情监测和职工权益维护，并建立健全“互联网＋工会”的服务监测和效果评估机制。工会组织需积极对网上服务项目的实效和影响力进行监测和评估，通过调查、研究、智能分析等途径，力求创立数字化、系统化、全面化的工会大数据管理平台，防止所开展的服务项目陷入“自说自话、自弹自唱”的怪圈，增强普惠服务的实效性、科学性。

善借外力，实现资源共享、合作共赢。在推进“互联网＋工会”过程中，需要坚持“众筹”思维和“跨界”理念，抛弃惯常思维和路径依赖，强化协同配合，主动加强与党政机关、企事业单位、社会组织的合作，通过建立议事机制、购买服务等方式，实现内部联动、内外互动，努力壮大工会组织网络资源的力量，为“网络强会”夯实基础。在整合外部资源，特别是社会力量时，既要争取支持，又要体现共赢，通过合理有效的激励机制，确保各类组织和社会力量参与平台建设、提供服务的积极性和可持续性。

e链接

这是一个淘品牌，2012年6月在天猫上线，65天后成为中国网络坚果销售第一；2012年“双十一”创造了日销售766万元的奇迹，名列中国电商食品类第一名；2013年全年销售突破3.26亿元；2018年，全年销售额接近70亿元；2019年7月3日，正式在深交所挂牌上市。这个品牌就是三只松鼠。

三只松鼠带有品牌卡通形象的包裹、开箱器、快递大哥寄语、坚果包装袋、封口夹、垃圾袋、传递品牌理念的微杂志、卡通钥匙链，还有湿巾。

一个淘品牌，为什么要煞费苦心地做这些呢？这就是互联网思维，用户至上，围绕用户体验、用户需求跳脱出传统思维框架下的创新，在解决用户问题的同时不让用户动脑子、费力气，提高用户体验满意度，增强用户“黏性”“吸引力”，最终达到互利共赢的效果。

实践篇

新时代下，只有更好地推进“互联网 + 工会”工作，工会组织才能成为更加贴近职工的“娘家人”，这就需要我们关注当前思维迭代、理念更新、产品升级、企业发展、职工多元需求的现状，找准工作变革的“发力点”；需要我们踩准“互联网 +”的鼓点，用心去行动、去感悟、去探索、去实践，在工会工作网络化的道路上，走出每个企业工会组织独到的精气神；需要我们紧贴中心大局，聚焦主责主业，将“互联网 + 工会”作用发挥到极致，让工会服务通过互联网不断放大，切实增强职工幸福感、获得感、归属感。

第二章

“互联网 + 工会”工作的探索与实践

随着企业改革的持续深入，信息化、智能化水平逐渐提高，对职工队伍的整体素质提出了更高的要求。同时，职工队伍结构也在不断发生改变，不同成长环境、不同心路历程、不同教育背景的职工对工会的服务有新的期待。如何建立一支信仰忠诚、遵章守纪、技能精湛、尽责担当、品行端正、文化自信的高素质职工队伍，是摆在企业发展面前的一项重要课题。工会组织作为职工的“娘家人”，作为党联系职工的桥梁和纽带，必须主动承担起这项时代课题。

随着现代信息技术的飞速发展，“互联网 + 工会”模式已成为提高企业工会工作效率，增强企业科学持续发展能力的重要推动力量。将“互联网 + 工会”模式运用于企业工会工作中，是实现“破题”的关键之举。

第一节　企业“互联网 + 工会”模式的构建

悦读向导

企业工会在推进“互联网 + 工会”的过程中，首先要厘清思路、明确逻辑、创新思维、突破局限，让“小众”变为“大众”，让“非主流”逐渐成为“主流”。这样的转变在互联网融入生活中似乎已成为常态，但互联网与工会全面融合仍还有一段路要走，如何找准“捷径”和“突破口”，“互联网 + 工会”模式的探索与构建成为一个关键点。

在“互联网 + 工会”模式的探索与实践中，我们需要厘清思路、明确逻辑、把握重点，形成线上与线下配合联动、企业与职工联系畅通、服务与需求更加精准的新形态。通过深入探索“互联网 + 工会”工作路径，充分发挥“互联网 +”优势，不断拓展工会工作覆盖面，更加高效地服务职工、服务企业。

“互联网 + 工会”的重要性和必要性

深化“互联网 + 工会”工作是创新服务精准服务的需要。党的十九大报告指出，要善于运用互联网技术和信息化手段开展工作。

习近平总书记指出，群团组织要切实保持和增强政治性、先进性、群众性，大力开展网上工作，让群众能在网上找到自己的组织、参加组织的活动。加强网上工会建设，是密切联系职工的客观需求，更是工会改革创新、精准服务职工的必然要求。

深化“互联网 + 工会”工作是转变方式提升效能的需要。当前，互联网越来越成为职工学习、工作和生活的新空间，越来越多的职工聚集在网上、活动在网上。职工在哪里，工会组织的手臂就要延伸到哪里。职工的行为方式及其习惯偏好发生变化，工会开展维权服务工作的手段方法就要及时改进完善。各级工会组织要以积极主动的姿态拥抱互联网，优化服务、提升效能，推动工会工作方式更加群众化、普惠化、网络化。

深化“互联网 + 工会”工作是构建和谐、彰显价值的需要。深化“互联网 + 工会”工作，有利于推动工会工作重心下移、关口前移，进一步贴近基层、贴近职工，更好地解决职工的困难和诉求。利用互联网杠杆，撬动工会工作创新，努力把服务做到职工身边、送到职工手上，真正使职工想得起、看得见、摸得着、享受到，让职工感受到工会是职工之家，工会干部是最可信赖的“娘家人”。

“互联网 + 工会”的基本工作逻辑

精准掌握职工群众的多样化、个性化需求，是“互联网 + 工会”的逻辑起点，充分运用网络技术手段，突破时间、空间的约束，回应职工群众需求，是“互联网 + 工会”的基本任务。着力解决职工最关心最直接最现实的利益问题和最困难最操心最忧虑的实际问题，打造“问计于网、业务上网、维权到网、服务在网”的工作新模式，实现服务职工普惠化、业务管理扁平化，是“互联网 + 工会”的根本目的。通过不断创新工会工作理念、服务内容、工作载体、运行机制、组织形态，建立完善的“互联网 + 工会”工作体系，让工会网上工作成为工会组织在新形势下“增三性去四化”“强基层促创新”，打通联系服务职工“最后一公里”的关键性举措，推动工会服务工作流程再造、创新发展。

“互联网 + 工会”的基本模式构建

“互联网 + 工会”工作要着力构建“问计于网、业务上网、维权到网、服务在网”的新模式，打造维护职工权益的新阵地、服务职工的新窗口、联系职工的新渠道、教育职工的新平台，努力增强工会组织的动员力、号召力、影响力与凝聚力。

职工问计于网——让职工“打开天窗说亮话”，倾听职工的心声。做好职工思想政治工作是工会组织的一项重要职能。工会组织作为党联系职工群众的桥梁和纽带，有着天天与职工群众打交道的组织优势。以往，座谈会、调查问卷、谈心谈话是掌握职工思想动态的主要方式，在职工思想越来越多元化的环境下，运用互联网开展职工思想政治工作势在必行。通过建立工会与职工有效沟通的网络平台，变“面对面”为“键对键”，职工更容易敞开心扉，工会组织也能更加准确地掌握职工的所思所想所求所盼。工会组织将收到的相关信息进行整理分析，有重点、分层次地加强思想教育引导工作，及时为职工思想上解扣、情绪上解闷。通过职工问计于网平台的建立，将进一步引导职工通过正确的渠道反映“心声”，维护职工队伍和谐稳定。

聚合众人之志，实现“众人拾柴火焰高”。企业发展需要依靠职工决策、集体拼搏，只有依靠职工的参与才能避免重大问题的决策出现失误，才能更好地落实全心全意依靠工人阶级的指导思想，才能有效地提高职工的积极性、创造性。工会组织要畅通职工民主管理参与渠道，探索建立与职工代表密切联系的网络平台，将事关企业发展和职工切身利益的重大决策、重大事项进行网络公示，充分听取职工代表的意见和建议。

由于涉及企业重大信息，需要特别运用技术化手段加强网络平台的安全性建设，并与每位职工代表签订保密协议，增强职工保密意识，确保在保障民主决策的同时能够维护企业信息安全，有效凝聚基层职工共促企业发展的合力。

工会业务上网——让数据多跑路，体验“飞一般的感觉”。当前，网络化、无纸化办公已经成为时代主流，无论是 OA 系统、局域网等企业内部通信平台，还是企业微信、钉钉等互联网办公平台，在任务安排、文件传输、信息沟通等方面已然非常便捷，各种业务均可通过互联网平台实现快速高效运行。我们无论身在何处，

互联网平台让工作高效运行

都可以借助网络的力量合理统筹，高效地开展工作，解决了长期以来管理工作实施过程效率较低的问题，工会业务自然也不例外。因此，工会组织的网络办公无须大的创新，只需充分利用现有的各类平台资源，在工作流程简单化、工作内容数据化、工作评价智能化等方面重点发力，动动手指就能把各个时间的重点工作、工作要求尽收眼底，把工会工作人员从日常的事务性工作中解脱出来，从而腾出更多的时间和精力到基层了解职工需求，到一线落实维权服务工作。

工作信息动态发布，展示“我有我的精彩”。职工会问，工会工作是什么？各级工会组织会想，别人家的工会工作亮点在哪，我该如何开展工作？解决这两个问题，网上信息展示是一条捷径。通过开通工会微信公众号、官方微博等“微官网”，将各级工会组织的工作信息进行加工，推送有滋有味的工会新闻，让职工在更加了解工会各项工作的同时，还可以提出一些建设性意见。“微官网”的开通也将为工会组织之间搭建学习共享的平台，各基层工会干了哪些工作，其他单位工会第一时间便可知道，起到了互相交流、互相促进，取他人之长、补自己之短的作用，最终实现工会整体工作效能的提升。

维权帮扶到网——网上救助“雪中送炭见真情”。作为职工的“娘家人”，工会组织应站在困难职工身边，时刻牵挂困难职工的忧与愁，如何让困难职工帮扶救助工作既方便快捷又精准有效，是网上救助平台建设的出发点。一方面，要梳理救助流程，严格按照救助范围、条件和标准进行网络化建设。哪些人符合救助标准，哪些人不符合救助标准，运用技术化手段来解决这类问题，工作人员只需对系统录入信息的真实性进行把关，确定符合实际情况的救助金额并及时发放即可。针对特别困难的职工，工会也可以设立绿色救助通道，压缩困难救助办理时间，让困难职工在第一时间得到及时有效的救助。另一方面，通过网上救助平台建设，将极大方便困难信息收集工作，困难职工的每一次救助申请、工会的每一次审核均有数据记录，实现对困难职工信息的大数据智能分析统计，从而将工作人员从各种报表中解脱出来，获得更加准确的帮扶救助信息。

网上维权让职工“主动融入天地宽”。随着社会的进步，人们

平台联通你、我、他

的自我保护意识和维权意识越来越强，维权需求多、维权渠道不通畅的问题正逐步显现。一方面，通过建立网上维权平台，设立维权服务窗口，职工可以就劳动保护、收入分配、法律纠纷等涉及个人切身利益的问题通过网络随时提出疑问或寻求帮助。另一方面，工会组织通过组建专家团队，对职工提出的维权问题在线进行一对一解答，能够有效提升工会维权工作的时效性和专业性。职工维权渠道畅通了，心就不堵了，企业自然更加和谐了。

网上公益体验“赠人玫瑰，手有余香”的快乐。近年来，越来越多的职工开始投身社会公益事业，以此真诚回报社会。企业内部的一些志愿服务组织在企业党政工团的支持下，逐渐成长起来。但信息渠道还不完全畅通，部分有意愿的职工还没有参与其中。通过建设网上公益平台，提供会员注册、活动提醒、公益募捐等服务，既可以及时推送志愿服务活动安排的具体信息，吸引更多职工主动参与到志愿服务活动中来，还可以把无法参加志愿服务工作的职工吸收进来，向更多需要救助的家庭或个人献出爱心，弘扬社会正能量，引领志愿服务新风尚。

服务职工在网——普惠的阳光让学习、生活更为简单。方便好用的网络学习平台既能充分满足职工碎片化学习需求，又能兼顾企业培训需求，帮助企业打造“指尖上的学习”工作模式。从企业培训的角度出发，由于人员层级多，业务培训量很大，传统的培训方式很难做到覆盖全员。打造网上学习平台，按需设计培训内容，以视频、图文等简单直接、碎片化的形式进行呈现，采用“课中学习、课后测评”的方式落地，不仅可节省大量的培训支出和培训时间，还能提升员工的学习效率。从学习需求角度出发，构建资源丰富的网上图书馆，职工可根据个人喜好开展自主学习提升；构建

大国工匠工作法在线课程

专业知识学习检验平台，职工可根据所从事专业工作的素质提升要求，进行自主学习、自主测验，通过竞赛、练兵等方式营造“比学赶帮超”浓厚氛围，提升专业知识学习的趣味性和灵活性。

组织开展丰富多彩的文体活动是工会组织的优势项目，也是团结凝聚职工的有效方式。通过建立网上文体活动平台，定期发布各层次文体活动安排，开通网上报名通道，信息覆盖面更广了，活动的参与度和关注度也提高了。同时，还能直观反映出某项活动对于职工的吸引力，为工会组织开展相关活动提供数据支持。

网络时代，工会普惠服务工作也要创新方式，按照“工会的资源、资金、人力向基层工会和一线职工倾斜”的工作思路，从满足职工衣食住行需求出发，整合各种优势资源，搭建网上便民服务平台，职工凭借一张电子工会会员卡即可快享、乐享、惠享周边生活，增强归属感、幸福感，让普惠的阳光照到每一名职工心坎上。

e链接

《商业秀》里面提到这样一个故事：拉斯韦加斯有一家酒店，顾客退房结账完毕准备离开的时候，酒店会为每位顾客提供两瓶饮用水。因为退房的客人驾车去机场中途要走40分钟荒漠，天气很热会口渴，所以这家酒店的回头率特别高。这两瓶水根本不值多少钱，但是超出了顾客的预期，让顾客感动。你想，都结完账了，跟酒店没什么关系了，人家还送你两瓶水，这是什么感觉?

所以，为顾客提供服务与工会为职工提供服务同理，小小的服务创新改变算不上什么革命性的创新，只是更多地站在受众的角度思考，设身处地地为他人提供最贴心的服务。所以工会干部需要运用好各类平台、数据资源，将工作做实、做细、做到职工需求的前面，在让职工感动的同时能更多感受到组织的温暖。

第二节　搭建一体化“互联网 + 工会”工作平台

悦读向导

在推进“互联网 + 工会”工作过程中，需要我们紧贴企业中心大局，踩准“互联网 +”的鼓点和节奏，通过建设“一体化职工网上服务中心”，搭建各种服务平台，构建新的互联网工作新模式，推动工会工作与“互联网 +”深度融合，不断增强工会工作的时代感和吸引力。

“问计于网、业务上网、维权到网、服务在网”是工会互联网工作的新模式，只有树立“挂着职工冷和暖，维权建家共富有”的工作理念，遵循“提升效能、普惠服务、一网打尽”的工作目标导向和“简约、管用、落地、有活力”的工作原则，筹划建设一体化职工网上服务中心，才能不断提升运用互联网服务职工的能力和本领。

打造“一体化职工网上服务中心”

在“互联网 +”的时代潮流下，围绕企业改革发展中心大局，找准定位、快速行动，围绕素质提升、维权帮扶、普惠服务等多方面内容，积极拓展工会服务平台，构建“一体化职工网上服务中心”，才能拉近职工与企业间的距离，用“全面创新”助推和谐企业的建设。

问题倒逼，需求驱动。着眼于当前“互联网 + 工会”工作存在的瓶颈问题和职工最关心的实际问题，准确把握“互联网 +”的新特点和新要求，抓好顶层设计，采用先进适用的网络信息技术，创新工会服务内容、工作载体、运行机制、组织形态，有效推动工会组织创新发展、与时俱进。

以用促建，建用并举。以推动工会工作理念创新和方式转变，提升工作效能和服务质量为目标，推进工会工作网络化建设。在公司工会统一建设的前提下，逐步完善各级工会网络化工作体系，坚持互联互通、以用促建、建用并举，实现工会系统内资源有机整合与充分共享。规划建设中保持足够的预见和柔性，为今后功能拓展、技术更新预留足够的空间和接口。

整合资源，分步实施。整合现有工会互联网工作系统和平台，建立健全数据汇集和系统运行长效机制，实现系统应用平台化、数据管理集群化、基础设施集约化，形成支撑工会管理决策和服务职工的信息化平台。本着“聚焦重点，先易后难”的原则，分步推进工会互联网平台开发建设工作，形成惠及广大职工群众的“互联网 + 工会”服务体系。

注重体验，持续改进。加强粉丝思维的培养，以不断提升用户体验为目标，建立完善用户体验反馈平台，及时了解用户感受，从中不断查找问题和不足，在持续完善和改进中拓展延伸平台功能，从而为职工提供更加周到满意的服务。

小知识：信息服务平台

信息时代，要让人少跑腿，要让信息多跑路，信息服务平台就是以此为初衷所建立的平台。通过信息服务平台，让会员、会费、通知等信息在网络之间相互流转，提高信息的传递速度，减少信息管理难度，打造一个高效运作的信息集中管控平台。

建设工会基础信息服务平台

信息服务业是互联网信息产业的核心之一，是信息化与工业化融合的必要技术支撑，也是改造提升传统产业和提高各行各业技术水平、效率、竞争力的重要手段。在信息化高度发达的今天，加大互联网信息服务与工会工作的融合，让信息服务成为提高工会工作效率，推动工会服务水平的有力助手，成为工会工作创新的关键要素。

传统工会工作中，信息管理大多依靠纸质材料，管理难度大、信息传递效率低，职工体验效果差。随着信息技术的发展，建设工会基础信息服务平台成为工会工作信息化、网络化的重要载体，将有效推动工会工作方式的转变。基础信息服务平台内容可以由工会会员信息大数据系统，网站、微博、微信等“一系统多终端”互动平台和各级工会网络信箱组成，在完善工会基础信息管理服务的同时，运用互联网渠道强化工会工作信息的传递，促进职工对工会工作动态的掌握，进一步提升工会工作管理的科学性、有效性。

建设基础信息数据平台。基础信息数据平台就是利用互联网，将工会组织信息、会员信息等进行汇总，在信息数据平台上进行统一管理，让工会工作人员在有互联网的地方就能实现工会会员的注册、转接等方面的管理工作，进一步提升工会工作效率。

在推进基础信息网络化过程中，需要把握以下两个方面：一是依托企业大数据平台开展工作。企业大数据平台是推进企业科学化管理的有效渠道，现代企业会针对生产运营、企业管理过程中的多

大数据平台推进企业科学化管理

个方面，建立一套成熟的大数据平台体系，企业工会在推进基础信息网络化进程中，借助企业成熟的大数据平台资源，将工会基础信息作为企业大数据平台的子模块，并及时丰富完善模块内容。同时，可以借助平台优势，将工会数据信息资源进行共享，针对企业生产运营的需要，及时推送相关信息，满足企业需求，从而更好地服务企业。二是提高工会工作人员的管理水平。基础信息服务平台的建立、完善是一项较为繁杂的过程，需要工会工作人员加强责任意识和互联网意识，持续完善平台会员的详细信息，针对会员变动情况及时进行数据更新，确保数据的准确性。同时，工会工作人员需熟练掌握平台操作能力，真正发挥平台效能最大化。

建设工会新媒体矩阵。新媒体矩阵是结合企业要求及职工需求，经过长期实践探索，围绕服务模式创新，搭建的集网站、手机 App 等“一系统多终端”的互动网络。新媒体平台建设运行将充分拓展工会工作在移动互联网终端的信息沟通渠道，对持续提升工会工作的覆盖面、扩大影响力有着极为重要的意义，同时，会更加满足职工“多元化”“普惠化”的需求，有效提高职工的“幸福指数”。

新媒体矩阵的建设包括以下两个方面：一是建立 PC 端平台。开通职工内部网站，网站包含工会工作信息发布，帮扶救助系统连接、基层工作信息展示、业务办理流程查询等相关内容，让职工能够通过网站满足对信息的需求。二是拓展手机端平台。建立基层单位工会微信交流服务群矩阵，拓展工会与职工的交流渠道，不断加强与基层职工的交流沟通，及时掌握基层信息。开通微信公众号或官方微博，定期推送工会工作信息，让基层职工全方位地了解到企业的新鲜资讯，还可以加大先进典型的宣传力度，切实发挥模范带头作用。围绕满足职工足不出户便可享受到工会“便捷服务”的目标，开发手机 App 客户端，结合职工群众需求，把工会组织能够提供的服务资源与广大职工群众的现实需求双向实时连接起来。同时，手机 App 客户端可以作为“互联网 + 工会”工作的移动客户端，将职工网上学习、网上维权、快捷服务等相关内容涵盖其中，实现职工通过移动互联网终端进行学习、工作、生活、维权、发展等一体化服务。

开通各级工会网络信箱。各级工会网络信箱就是在各级工会组织中分别建立网上信箱，将职工间的信息沟通渠道进一步拓宽，职工可以结合企业改革形势，通过网上信箱主动为企业献计献策，也可以对企业的改革举措提出不同观点。网上信箱的开通将有效扩大企业民主决策的渠道，进一步提高职工“主人翁”的意识。

网络信箱建设具备以下几个方面的特点：一是便利性。各级工会建立网上信箱后，应及时做好宣传工作，让职工充分了解信箱建立的主要意图及信箱沟通的便利性。同时，引导职工通过信箱将自己的想法、诉求进行沟通，切实发挥各级工会信箱的作用。二是隐私性。由于信箱具备匿名发送邮件的功能，职工对企业相关工作存在不同意见的建议时，可以通过匿名发送邮件与企业工会交流自己的想法。通过这一方式将会更加有效地让职工说出自己的想法，表达自身诉求。同时，各级工会信箱管理者也要注重对信箱内容隐私的管理，针对职工提出的合理建议和切身诉求做到不查找、不追究，做真正帮助职工的“娘家人”。三是时效性。各级工会信箱收到职工发送的合理建议或切身诉求后，工会工作人员第一时间进行核实，确保信息准确无误后提报相关部门协助处理，在处理结束后，第一时间将结果通过网站、微信公众号、官微等渠道向职工反馈，确保职工的每一条合理建议和切实诉求都能在最短的时间得到回应，营造企业和谐的良好氛围。四是民主性。各级工会网络信箱的开通建立，拓宽了企业民主决策的通道，职工可以通过信箱为企业的改革提出好的意见和建议，企业也可以依托职工的集体智慧持续推动生产运营绩效的提升。

小知识：工会管理平台

在《全国工会网上工作纲要（2017—2020年）》中，对工会管理平台有了清晰的定义：建成工会网上工作平台和基础数据库，实现职工入会服务和工会管理网络化，网上网下深度融合，全面实时准确掌握全国基层工会组织和会员信息；建成全国工会系统网上办公平台，实现工会组织高效运转、精准服务、科学决策；建成具有强大影响力的工会系统新媒体矩阵。

建设智能工会管理平台

党的十九大报告提出，要建设科技强国、网络强国、数字中国、智慧社会。习近平总书记在中央党的群团工作会议、全国网信工作会议等不同场合多次强调，工会组织要增强改革创新本领，善于运用互联网技术和信息化手段开展工作。党和国家的战略部署，构成了智能工会建设的深度背景。

随着互联网时代的到来，工会工作顺应时代发展，融入时代主流已经成为大趋势，运用信息技术优势，建设智能工会管理平台，将实现服务企业、服务职工能力的“双提升”。智能工会管理平台的建成，摆脱了纸质材料对工会工作拓展带来的束缚，借助大数据分析的优势，及时掌握职工动态，有效发挥工会在服务企业、服务职工中的关键作用，推动工会工作再上新水平。

建设工会网上办公平台。网上办公系统是为解决日常工作办公、职工救助、信息展示交流等信息管理、传递渠道不够通畅，造成效率低下的问题而建立的，系统建成后，运用互联网渠道实现信息上传下达，提高工会工作效率，从而更好地服务企业、服务职工。

建立完善的网上办公系统需要具备以下两个条件：一是功能完备。系统梳理工会工作基础业务，开发智能工会管理平台，将基层工会报送的总结申报材料、劳模管理、群众性技术创新成果申报等工会基础业务转移到网上，全流程实现“网上申报、网上办理、网上审批、网上发布”，有效促进工会组织的高效运转、精准服务、科学决策，进一步促进工作效率提升。二是管理严格。切实发挥了协同互联、功能完善、技术先进、容量足备、安全可靠的优势，建立完善网上工会办公系统管理办法，严格各级工会的互联网平台管理，规范各类信息传递标准，提高互联网信息办公效率。

建设工会网上展示平台。搭建互联网工会工作平台，分别设置各单位展示专栏，将各级工会工作在互联网平台进行展示。通过网上展示平台的建成，可促进各基层工会间的互相学习，更好地带动基层工会工作水平的全面提升。

网上工会展示平台的建立可以通过以下两种方式：一是工作亮点展示。搭建工会内部网上展示平台，基层工会可将本单位开展的劳动竞赛、群众性技术创新、维权帮扶、文体活动等亮点工作在平台进行展示，上级工会可随时通过内部网上展示平台，掌握了解基层工会工作动态。二是工作的监督指导。上级工会可以通过平台对基层工会工作情况进行监督，对近期工会工作重点进行在线指导、过程管控、督导评价、共建共享，有效打通各级工会工作管理、信息沟通的网上渠道，带动工会工作网络化、信息化、共享化发展。同时，工会网上展示平台建立后，将有效解决企业工会工作人员紧张、基层检查督导力度不够等问题，形成督导管控全新方式，督促基层工会工作水平持续提升。

建设工会智慧数据库。工会智慧数据库是通过建设全面准确、智慧柔性、动态更新、安全高效的工会工作数据库，打造智能的网上工会工作服务设施。通过数据资源整合，联通信息孤岛，实现工会系统数据信息的互通共享和深度利用。同时，充分利用大数据与人工智能技术，建设工会决策支持系统，为广大职工的普惠服务和工会组织的高效运转提供必要的技术手段。

工会智慧数据库建设要符合精准全面、智能高效的原则，建成以基层工会为基本单元的分布式工作体系和会员信息基础数据库，并将数据库作为企业大数据库的重要组成部分。开发数据资源，融合企业工会网络平台大数据，通过计算分析及时掌握职工思想动态，针对职工关注热点、思想动态及时加以引导，为职工队伍状况的深度分析和工会组织的高效运转提供必要的科技手段。同时，在建设过程中大力推进与职工生活密切相关的银行、医院、社区服务等行业的大数据信息交换，及时向职工推送最迫切、最准确的相关信息，方便职工工作生活，切实满足职工“多元化”“普惠化”需求，提高职工服务的满意度。工会智能数据库建成后，通过大数据的计算分析，从根本上实现对职工队伍舆论舆情动态的掌握。大数据的共享让信息更加互联互通，在掌握第一手信息的同时满足职工需求，将优质的服务送到职工群众的“心坎”上。

小知识：素质提升平台

助推职工素质提升是工会工作的主线和精华，这里的素质提升主要有两方面内容。一是被列为《全国总工会网上工作行动计划》十大专项活动之一的“职工网上技能学习与岗位练兵活动”，主要是开展以网上答题为主要形式的在线练兵活动。二是职工在线学习平台，主要是以职工在线书屋为主要载体的互联网读书、听书学习平台，来满足日趋多元的职工学习需求。

建设职工技能素质提升平台

随着信息技术的发展，互联网越来越成为人们学习、工作、生活的新空间，越来越成为获取公共服务的新来源。在这种新形势下，通过互联网提升职工技能素质，培育高技能人才，促进互联网和工会工作融合发展，形成更广泛以互联网为基础设施和创新要素的工会工作新形态，是人心所向、大势所趋，工会必须顺势而为、乘势而上。

习近平总书记指出：“要把提高职工队伍整体素质作为一项战略任务抓紧抓好，帮助职工学习新知识、掌握新技能、增长新本领，拓展广大职工和劳动者成长成才空间。”建设职工技能素质提升平台是创新职工培训理念和方法的成功探索，是借助“互联网 +”，做实职工技能培训，全面提升职工素质，加快建设高技能人才队伍的重要抓手。传统的培训和学习受时间、地点、资源等条件限制，不能充分体现广泛性和实时性，职工参与自主学习的兴趣和效果缺乏有效监督和验证。将职工学习培训与网络元素有机结合，建立网上学习系统，把职工的学习路径拓宽到互联网，使广大职工更加方便快捷地学习业务知识，顺应了“互联网 +”时代大融合、大变革的趋势。通过网上学习、练兵、比武、创新、攻关等竞赛活动，可以使职工在工作之余随时学习，随时检验自己的学习效果，促进技能水平和综合素质有效提升。

建设职工网上学习系统。职工网上学习系统，就是利用互联网，把企业各工种、专业的理论知识和实操知识放到网络上，只要能上网，职工就可以在线进行理论学习和实操训练，从而不断提升业务技能素质。职工网上学习系统能够让职工把各种碎片化的时间有效利用起来，通过网上学习平台，随时随地学习理论知识和实践操作技能。

在建设职工网上学习系统过程中，要注意把握以下几个关键环节：一是开发一套国内领先、职工操作便捷高效的软件系统。一个充分体现用户思维、粉丝思维、具有黏性的软件系统，是开展职工网上练兵活动的基础。本着让专业的人干专业的事的原则，借助互联网的力量，运用最先进的算法，借鉴游戏化的闯关模式，设置科学合理的网络虚拟晋级通道，切实增强软件系统对职工的黏性。同时，开发手机 App 平台，让职工随时随地拿出手机，进入系统学习闯关。二是建设一个工种（专业）齐全、题量充足的学习题库。一个工种齐全、题量庞大的学习题库，是建设职工网上学习系统的关键。题库是职工网上学习系统的血液，没有充足的“血液”，系统不可能实现高效运转。一方面，充分利用现有的题库资源，比如人力资源系统的职工技能鉴定题库，直接采取“拿来主义”的办法。另一方面，可以通过开展“我为练兵出道题”等活动，充分发挥职工的聪明才智，结合现场岗位实际情况进行出题，并根据出题数量对职工进行奖励。职工立足一线岗位出题，更有针对性，职工也更有亲切感，对熟悉现场知识、掌握操作技能具有事半功倍的效果。三是制定一套科学合理、充分体现竞争性和激励性的运行机制。开展职工网上练兵活动，必须有制度地进行约束和激励。制定实施《职工网上学习系统管理办法》，建立活动考评机制、试题更新机制、职工激励机制等，成为系统高效运行的保障。一方面，将网上练兵活动与职工的切身利益密切挂钩。比如，将其与职工技能鉴定成绩、技术技能等级晋升、评先树优等结合起来，让职工参加网上练兵活动有更多、更直接、更实在的获得感、荣誉感。另一方面，将网上练兵活动与职工普惠服务结合起来。在普惠服务体现全员性的同时，更多地惠及勤于学习、善于学习的职工，让职工实现学习“提素”和普惠服务的“双丰收”。

成熟的职工网上学习系统，应该具有以下六个方面的特点：一是趣味性。具有“寓教于乐”的特点，通过趣味化的闯关策略让职工体验到学习的快乐，使职工既学到了专业知识，还能体验到虚拟网络世界中成功的喜悦。二是便利性。职工网上学习既不受时间地点限制，又没有学习形式的制约，只要打开电脑，就可以随时随地学习，是职工形影不离的“老师”。同时为企业节省了大量的人力、物力、财力等培训成本。三是实用性。职工借此既上了基础课、专业课，又通过模拟仿真系统上了实践课、案例课，网上学习系统是职工专业技能知识的“新华字典”，是指导实践的“教科书”，是职工解决实际问题的“良师益友”。四是知识性。在学习系统中，职工学习的知识点多、面广、综合性强，从而把更多的职工吸引到网上学习中来，既满足了职工获取知识的渴求，又引领了良好的社会时尚。五是竞争性。职工网上学习促进职工学知识、比技能，培育了职工“比、学、赶、超”的竞争意识。通过虚拟“升学”，激发了职工的闯关练兵热情，促进职工自觉主动地投身到网上学习活动中去。六是广泛性。工种可实现广泛建立，人员可实现广泛覆盖，人人可参与，全员能练兵，具有广泛的参与性和覆盖面。

开通职工在线课堂。职工在线课堂，就是通过网络授课、在线视频、网上直播等形式，将职工培训的课堂直接搬到网上，让职工能够随时随地根据个人的时间安排，在网上学习知识、提升技能。职工在线课堂的形式很多，关键在于要有针对性、便捷性和实用性，能够切实为职工提升技能素质提供指导和帮助。

目前来说，主要有以下形式：一是在线学习。将企业主要的工艺流程、关键设备操作方法、先进操作法以及关键作业环节拍成视频，加上配音、图片、表格以及文字描述，生动展现职工的岗位操作规程和标准，让职工能随时通过电脑和手机进行学习。二是在线直播。运用直播平台，对关键作业过程、设备操作技能进行定时直播，职工定时收看，设置评论区，边观看边讨论，取得更好的直播效果。同时，对重要会议、先进人物典型事迹、文化体育活动进行在线直播。三是在线考试。通过网上出题、题库随机抽题等形式，在规定时间内职工上网考试，类似于驾照理论考试，系统自动评分，考完即可出成绩。在线考试极大地提高了考试的效率，使考试出题、人员组织、阅卷评分方便快捷，大大节约了人力、财力和物力。四是技术门诊。充分利用劳模、工匠和高技能人才创新工作室的资源和力量，在网上开设技术门诊，职工遇到技术问题和现场一线难题直接预约门诊技术专家，技术专家定期进行网上或现场解答。同时，技术门诊定期开展网上问诊，职工在网上与技术专家进行交流，有效发挥了技术技能专家的“传帮带”作用。五是网上展厅。主要展示创新工作室、职工绝技绝活、工匠能手、创新成果、先进操作法等，在学习共享的基础上，进一步放大先进集体和个人的典型示范效应。

建立职工技能提升评价平台。职工技能提升评价平台能够及时记录、查阅、汇总、统计职工技能提升情况，为职工建立技能提升网上档案，并实行量化积分评价，科学系统地反映职工技能提升情况，甚至包括职业生涯发展情况，同时也为企业选拔技能人才提供了有效的参考和依据。

建立职工技能提升评价平台，需要把握两个关键点：一是量化积分管理。建立职工技能提升量化积分管理体系，对职工的技能等级晋升、获得的荣誉情况、创造的创新成果以及发表的论文、授权的专利等，全部进行赋分。比如，对初级工、中级工、高级工、技师、高级技师分别赋予不同的标准分值。简单来说，就是通过积分体系对职工的技能进行“画像”。二是实行动态考评。在一定周期内（季度或者半年），对职工的技能积分情况进行排名，对积分排名靠前或者进步幅度最大的职工进行奖励，对积分排名一直落后或者退步的职工通过一定形式进行鞭策。或者，可以设置技能提升达标分数线和提标分数线，分别用不同的标准对职工的技能积分进行评价。

建立职工技能提升评价平台，要做好四个结合文章：一是与职工技术技能等级晋升结合起来。将职工技术技能等级晋升作为职工技能提升评价的主要依据，并设为基础分，其他项目设为加分项。二是与职工网上练兵、学习培训等活动结合起来。职工素质教育成绩、职工网上练兵成绩、学习培训课时、一专多能取证情况等都可以作为加分项。三是与职工评先树优、考核奖惩结合起来。评先树优可直接参考职工技能提升评价积分情况，确保评先树优的公正性、公平性。四是与职工职业生涯发展结合起来。将职工技能提升评价作为企业选人用人的参考依据。通过“四个结合”，将职工技能提升评价全面融入职工成长和职业生涯发展中，实现了职工技能评价由“定级”向“定量”的转变，对企业加强高技能人才培养、提升技能人才管理水平有积极的推动作用。

小知识：工会维权帮扶平台

维权帮扶是工会组织的重要工作职能之一，主要是把传统的帮扶救助平台搬移至网络来运行，充分发挥互联网的标准化、流程化、信息化优势，建立以困难职工需求为导向，“线上”“线下”相统一、互为补充的服务职工工作体系，为困难职工提供普惠性服务。

建设职工维权帮扶平台

习近平总书记指出，“工会要坚持以职工为中心的工作导向，抓住职工群众最关心最直接最现实的利益问题，认真履行维护职工合法权益、竭诚服务职工群众的基本职责，把群众观念牢牢根植于心中，哪里的职工合法权益受到侵害，哪里的工会就要站出来说话”。中国工会十七大鲜明提出，“维护职工合法权益、竭诚服务职工群众”是工会组织的基本职责。

企业要建设好、发展好，必须坚持全心全意依靠工人阶级方针不动摇。职工队伍是企业改革发展的活力之源、动力之源。实践证明，只有把职工权益维护好，把职工利益发展好，让职工有主人翁的获得感、成就感、幸福感，才能充分激发职工主人翁意识、切实发挥职工主力军作用。“互联网 +”时代为民主管理和维权帮扶工作创造了更大的空间，对保障职工合法权益，促进企业健康发展具有重大而深远的意义。网络化民主管理、维权帮扶将促使职工更加体面地劳动、更有尊严地生活。

建立职工代表与企业网上联系沟通渠道。职工代表大会制度是公有制企业中职工实行民主管理的基本形式，是职工通过民主选举，组成职工代表大会，在企业内部行使民主管理权力的一种制度，它是中国基层民主制度的重要组成部分。通过建立企业与职工代表直接联系的网络平台，在职代会闭会期间，可实现召开职工代表在线恳谈会、职工代表团（组）长会、职工代表培训、网上厂务公开、提案征集、信息发布等功能，保障职工代表随时提出意见建议的权利。

在具体建设中需重点把握以下几个环节：一是保障职工代表建议实现内外部循环，既能够上下贯通，又可以内外传递。在生产经营过程中，对职工代表提出的建议实行分类式、开放式、透明化办理，各基层单位能够解决的问题和需要企业总部解决的问题分别通过内循环和外循环流程，在第一时间得到单位领导或者企业相关负责人的批复。在办理过程中，任何一个层级都能看到办理的时间和内容，有效提高了建议落实的效率和效果。二是网络“厂务公开”要保证时效性。设置企业级、基层单位级、车间级三级公开，及时将企业改革政策、人力资源优化、薪酬分配等职工关心的热点问题进行公开，全面接受职工代表的监督。同时，各基层单位将企业或本单位重要文件、材料通过系统第一时间直达职工代表，进而迅速传达到广大职工，有效保障职工的知情权、参与权、表达权、监督权。三是在线“民主恳谈”要突破职级壁垒，成为一座有效且密切的干群关系的“连心桥”。职工代表民主恳谈会是倾听职工心声、维护职工权益的有效载体，但同时存在着组织难度大、职工代表不愿当面说等问题。职工代表在线恳谈会要充分利用互联网的开放思维、对话思维、平等思维，在征集职工代表建议的基础上，针对职工关心的热点议题，让职工代表与企业党政领导平等地“坐”在一起，“键对键”地进行沟通交流，从而让企业领导能听到职工心声、解决职工最为关心的问题。四是要构建便捷高效的在线会议室、学习室。在线会议室注重解决召集“短会”费时费力的现象，避免分散在各基层单位代表团（组）长的往返奔波，提高会议效率。在线学习室要经常性地举办教育培训，确保职工代表能力素质不断提升，依法维护职工权益的能力和本领不断增强。

建立困难职工数据库。困难职工数据库是开展维权帮扶工作的基础，通过建立动态实名制困难职工数据库，可以全面、真实、及时地掌握困难职工的家庭基本生活状况，从而为职工生活困难救助提供更加精准的服务支持。

在具体建设中需重点把握以下几个环节：一是困难职工数据库建设要坚持“分级建立、动态管理、应建尽建”的原则。基层工会与职工接触最多，对困难职工的信息掌握得也最全，要依据救助标准的不同建立企业级、基层单位级、车间级困难职工数据库，对困难职工基本信息，家庭成员信息，赡养、抚养、扶养义务人信息，

"一对一"联系人信息进行全面采集。二是做好数据对接。当前从国家到地方，工会帮扶救助系统不断完善，要注重将上级工会组织帮扶系统中的困难职工数据信息导入本单位系统，实现与上级工会拨付救助资金和点对点帮扶服务"天线"对接。三是实行动态管理。加强困难职工数据库的实时更新、定期清理工作。对通过各种渠道实现解困脱困的困难职工档案要及时进行解困脱困处理，不再纳入救助范畴，或根据实际情况进行注销，切实做到"困难对象有进有出，补助水平有升有降"，全面提升困难帮扶工作的精准性。

构建快捷式一站式职工互助通道。互联网时代的困难职工帮扶救助工作向着精细化、"点对点"的服务模式转变，构建快捷式一站式职工互助通道，将实现困难职工档案管理、帮扶救助信息管理、帮扶资金管理、帮扶资金实名报表管理等功能，对提高困难职工管理效率，健全帮扶资金使用监管具有重要作用。

在具体建设中要把握以下几方面重点发力：一是在提升帮扶救助速度上下功夫。对困难职工救助流程进行系统梳理，减少不必要的中间环节，从困难职工救助申报、部门核查到领导审批各环节全部实现网络化运作，产生的数据全部进入大数据系统，提升审核审批效率。二是在拓宽困难申报渠道上下功夫。职工个人通过职工服务网、微信公众号和手机客户端等网络平台可直接提交申请，使职工帮扶救助更加及时、方便、快捷。三是在实现"互联网+"资金直通上下功夫。与银行进行合作，为职工办理个人帮扶资金发放专属银行卡，提高发放效率，实现帮扶资金发放"一卡通"，让困难职工快速、便捷地享受工会组织的帮助。

小知识：职工文化体育平台

随着工会文体活动的持续开展，逐渐形成了“协会化”“网络化”的新形态，以齐聚文体活动爱好者所组成的各类文体活动协会，更加便于文体活动的组织，文体活动“专业化”形式得到凸显。搭建职工文化体育平台，就是把工会传统文体类活动融入互联网的要素，形成以传统项目和“微文化”项目并行的职工文化体育活动新模式，扩大职工参与面，提升工会组织活动的影响力。

建设职工文化体育平台

随着职工物质文化水平的不断提高，职工对文体活动的需求也随之提高，丰富多彩的文体活动成为团结凝聚职工的必要方法。同时，随着企业改革的不断深入，如何借助互联网平台发挥职工文化体育活动在企业文化建设中的作用，成为互联网时代工会文体工作创新的一项重点。

建设“互联网＋职工文化体育平台”是工会创新文体活动组织形式的重要探索，将有效降低职工参与文体活动的门槛，更加符合基层职工需求，成为提高职工文体活动参与率和满意度的具体体现。

展示特色职工文化体育品牌。建立职工特色文化体育品牌平台就是通过互联网平台开设职工文化体育活动专栏，将“从细微处见大美”的微电影、微视频、微讲堂等微系列文化活动，以及文体协会开展的品牌特色活动以视频或图片的方式在互联网平台进行展示，让职工身边的感人故事、先进模范人物形象，热爱工作、热爱生活的精神面貌在互联网上“亮”出来，展示职工文体特色品牌，提高职工的“获得感”，传播“正能量”，增强企业凝聚力、向心力。

在互联网迅速发展的时代，工会组织在打造互联网职工文化体育品牌时需要注意以下两个方面：一是敏锐感知“微元素”的影响力。快速从“微文化”入手，不断搭建微善举、微故事、微讲坛、微信、微博、微征文等一系列“微元素”活动载体，把弘扬社会主义核心价值观理念融入“微系列”活动之中，让职工身边的感人故事、平凡中见伟大的精神风貌“开花结果”。二是健全各级工会组织展示平台。建立基层各级工会工作展示专栏，基层工会定期上传展示文化体育活动动态，扩大文化体育活动的影响力，提高职工参与文体活动的积极性和主动性。

构建线上线下职工文体协会阵地。构建线上线下职工文体协会阵地是指发挥文体协会骨干指导作用，建立“线上线下”双向服务职工的模式，在“线上”提供各协会精选的教学指导，在“线下”

设立培训班，现场指导服务，促进品牌项目的普及与提高。

建设线上线下职工文体协会阵地，需要注意以下两个方面：一是强化“线上”平台信息广泛传播的优势，切实发挥文体协会骨干在线“技术”指导的作用，列出协会“线上”教学活动计划表，定期在平台上公布，职工可以按照计划通过互联网接受相关兴趣爱好的指导。二是健全“线下”活动阵地。根据“线上”指导过程中职工较为关注的热点、重点，拓展“线下”培训班，让职工在“线上”学习的同时，在“线下”得到充分的固化，更加有效地调动了职工参与文体活动的积极性。

探索文化体育协会会员网络化管理。协会会员网络化管理是指通过实施网上实名制注册，建立完善的会员信息系统，将协会会员、会议事务运用网络化实现规范化管理。同时，搭建文体协会网上信息交流平台，方便会员间的互动交流，促进专业水平的提升。

对会员网络化管理，可以从以下几个方面着手：一是实行会员的层级管理，建立协会议事群、协会骨干群和协会会员群，通过不同的“群”实现不同的管理，方便会员互动互学互进，提升各自兴趣爱好专项水平。二是文体协会管理上网，网上公布《单项协会管理办法》，把活动组织、场地使用、资金保证、器材管理、会员管理、对外参赛等都纳入规范化管理，通过网络渠道让会员更加明确掌握相关规定。三是活动场地预约上网，建立各协会阵地管理群，及时通报场地使用情况，方便职工的选择。四是互动互学上网，在优化协会会员管理上，探索实行会员层级管理。即在全体会员的普通群基础上建立骨干群，根据会员在参加项目中的水平高低，组织开展不同层次的专项交流和学习提高的活动，增强对协会会员的激励作用。

小知识：职工在线服务平台

“互联网 +”普惠服务活动是《全国总工会网上工作行动计划》十大专项活动之一，其目的是整合工会内外资源，利用网络延长工作手臂，深入开展“互联网 +”普惠服务职工工作，推进职工网上申请入会和会员实名制管理，建立包括微信公众号在内的服务平台载体，实现服务方式从工会“定菜单”向职工“点菜单”转变，服务手段从线下为主到线上线下互动融合转化，有效吸引和凝聚职工。

建设职工在线服务平台

职工在线服务平台是工会组织发挥动员优势，打造的“互联网 + 工会”模式下具有超前引领作用的创新型职工普惠平台。依托平台进行线上宣传及互动交流，充分运用互联网与工会工作、本地服务结合的思维方式，为职工会员提供点对点、普惠制、全方位服务。在平台运行上，工会组织依靠庞大的会员体系与服务方进行谈判签约，服务方将丰富的极具吸引力的服务内容在平台上展示，从而实现将“需求侧”的职工与“服务侧”的商超、物业、医院、咨询机构等社会服务群体同时吸引到平台上来，形成良性循环，保证平台顺利运行。

互联网时代，技术革新日新月异，职工享受的服务也朝着越来越优质化的方向发展，互联网巨鳄 BAT 无一不在延伸扩张各自的服务领域。工会组织开展“线上”普惠服务工作面临的局面是怎样的呢？便捷生活服务有支付宝，网上购物有淘宝、京东，问题咨询有微信小程序……必须承认，在这些巨头面前我们没有任何优势可言，职工在线服务平台要想成功运行就必须找准我们自己的优势，利用本土化思维开发服务项目，利用合作共赢思维撬动更广阔的服务空间。

《韩非子·喻老》有言，“随时以举事，因资而立功，用万物之能而获利其上”。工会在线服务平台建设必须准确分析把握住工会工作面临的形势、掌握的资源、可发挥的能量，方能展现作为，不致出现“风风火火大干快上，草草收兵泯然众人”的尴尬局面。

建立职工快捷服务平台。职工快捷服务平台聚焦职工日常生活方式改善，通过资源整合与便捷化的网络服务开发，为职工日常生活提供便利，为职工健康提供实时服务。

对大多大型国有企业而言，多年的历史积淀形成了厚重的企业文化，同时也形成了一个以企业为原点的特有社会圈，职工也形成了特定的生活方式。因此，在平台开发建设上，必须坚持本土化的思维，将线下资源进行线上整合，通过新平台让“土味”生活也能成为一种时尚。

由于历史沿革，很大一部分职工都生活在企业自建的居民小区，物业、水、电、暖供应等满足职工日常生活需要的服务都有一套较为成熟的体系，广受职工认可。即便是在当前国企改革剥离“三供一业”等行政功能的大背景下，工会组织依然可以依靠“集群”的优势与更加专业化的服务团队探索合作。如开通快捷缴费平台，直接定位到户，方便职工网上缴纳物业费、水费、电费、暖气费等费用；为满足职工休闲、娱乐、餐饮等生活需求，可与高德地图等进行针对性合作，在平台上建立商家信息查询系统，职工足不出户即可查询到需要的电话和位置信息，为出行提供有效参考。

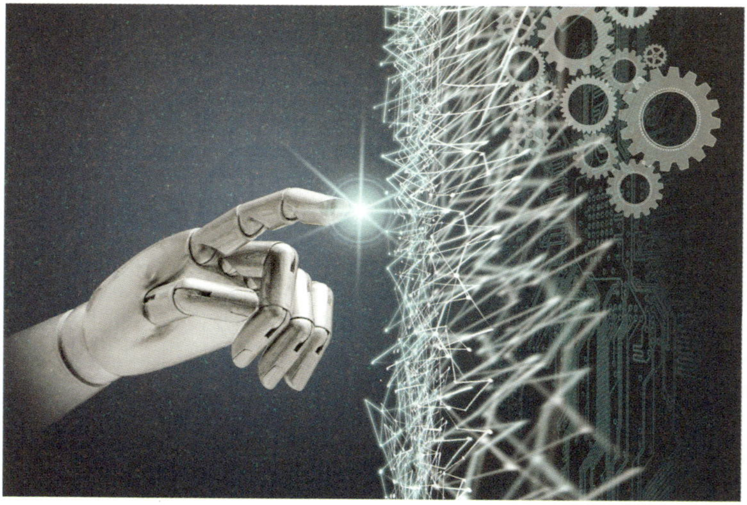

线上线下让“土味”生活成为时尚

职工职业健康体检是一项职工福利，企业每年都会组织职工进行健康体检，医院以报告单的形式反馈到职工所在单位，由单位将体检报告单转交给职工个人。由于体检结果是较为私密的信息，传统的反馈方式非常容易“泄密”，会引起职工的不适。同时，每年体检结果的变化直接反映了职工的健康水平，如若报告单丢失，将对职工掌握个人健康状况造成不便。工会与医院可以进行合作对接，利用职工体检大数据开发健康服务平台，形成定制化的个人历年体检报告单，方便职工查阅历年健康查体情况，打造职工的贴身健康管家。同时，整合相关医疗资源，开设网上问诊窗口、预约挂号、转外就医绿色通道等服务项目，实现职工与医院专家在线沟通，同时为大病职工外出就医提供最大限度的帮助。

职工快捷服务平台的建设运行为职工提供便捷化的生活服务和健康管理服务，倡导职工养成绿色、高效、健康的网络生活新方式，职工生活的幸福感和对企业的归属感将更强。

建设职工网上惠购商城。职工网上惠购商城瞄准网络购物大趋势，通过资源整合，可以建设以职工为中心的非营利性网上购物平台。在平台上，职工将以更优惠的价格购买到同等商品，享受工会会员的专属优惠福利。

非营利性，是工会开发网上惠购商城的核心所在，也是网上惠购商城的生命力之所在。只要把握住了这个核心，从职工需求角度出发，在专属会员、积分消费体系建设、商品资源管理开发、结算方式优化、活动策划等具体问题上多发力，工会组织的网上惠购商城将会体现别样的活力。在具体建设中，首先要建立惠购商城会员体系。与工会基础信息数据库直接打通，读取工会会员信息，生成会员专属二维码，以电子会员卡的形式保存在职工卡包内，表征会员身份。其次，在资源建设上要体现“手脚并用”。用“手”，触及网购成熟资源，重点建立与苏宁易购、京东商城、网易严选等主流购物平台的合作关系，识别公司会员身份，为职工提供低价商品或专属折扣优惠，体现工会平台的特惠优势。用“脚”，立足职工生活周边，以职工需求为导向，与企业驻地范围内的各类优质商家进行签约合作，职工在线上线下均可进行优惠购物。公司工会负责为商家提供宣传推广服务，商家负责为职工提供专属优惠、商品配送、限时秒杀等惠购活动，形成“双赢”局面。最后，要建立完善的积分消费体系。“积分”是吸引职工参与工会活动的一项重要因素，通过与职工技能素质提升平台建设相融合，将职工在参与工会组织的网上素质提升活动中获得的学习积分摇身变成口袋里的消费积分，消费积分由工会买单，形成积分从生成到使用到结算的工作闭环，可以激发职工参与热情。

职工网上惠购商城建设是工会组织创新普惠服务模式的新载体，通过惠购商城建设以及形式多样的惠购活动吊起职工“胃口”，在为职工带来实实在在优惠的同时，将带动职工积极参与工会组织的各种技能素质提升活动，平台之间的协同效应将进一步得到发挥，形成喜闻乐见的工作品牌。

建立职工专业服务群。职工专业服务群可将职工服务中心的心理疏导、法律援助、志愿服务、心灵成长指导、劳动争议等服务事项搬到网上，为职工提供网络化专业服务，着力帮助职工解决精神层面的困扰与问题。

当前，职工普遍面临各种各样的工作、生活、心理等问题，职工的多样化需求一旦得不到满足，易引发矛盾争议甚至社会问题，是企业发展的不稳定因素。在提供专业化服务上，互联网的及时快速传递信息、高效分析处理数据等优势体现得十分明显，通过职工服务群建设将会使原来呈“离散”状态的服务项目瞬时“聚焦”，实现精准性服务。

在具体实施上，精准分析职工需求，针对不同需求进行针对性的建设和开发，体现“分类施策”的原则尤为重要。在涉及职工幸福家庭建设的集中需求上，可以宣传展示优良家风案例、作品为主，在耳濡目染中教育服务职工。在涉及职工个人心理健康发展的需求上，可以利用外部成熟资源及云服务平台，采用购买服务的方式，搭建心理健康体检模块，并根据不同职工的职业特点和心理特点设定不同的体检内容，职工通过手机即可登录平台进行随时随地的心理检测评估，并获取有关心理健康的指导性意见，以图文、视频、动漫等多种形式进行呈现，满足职工对心理健康管理的普遍需求。在职工个性化需求方面，可以在平台上设定心理疏导、法律援助、志愿服务、心灵成长指导、劳动争议等专业服务群组，组织凝聚一批专业性强、服务意识好、热情高的内外部专家队伍。在群组内，职工可对任一服务项目的内外部专家进行提问，实现一对一私密交流。服务完毕，职工可对专家服务进行评价打分，在工作闭环中促进服务职工质量的不断提升。

通过专业服务群的建设，使职工享受到动态、全面的专业服务，职工的普遍需求与分类需求将进一步得到满足，服务职工的覆盖面将进一步扩大，对保持职工队伍思想稳定，促进企业和谐发展具有重要意义。

案例篇

“互联网＋工会”究竟可以为职工带来哪些服务，企业工会又该如何运用互联网平台延伸工会服务手臂，为职工提供“普惠化”“多样化”的服务呢？山钢股份莱芜分公司工会已将“一网情深惠职工”的宗旨融入工会工作的“血液”中，畅通了工会联系职工、服务职工的渠道，推动了广大职工从“配角”到“主角”，从“幕后”到“前台”，切实成为工会服务企业、服务基层、服务职工的有效“法宝”。这些做法具有“教科书”的意义，本篇以此为例，希望对全国各级企业工会组织的互联网建设带来积极的指导和借鉴作用。

第三章

“互联网 + 工会”在山钢股份莱芜分公司的应用成果

名 / 词 / 解 / 释 /

“互联网 + 工会”

“互联网 +”是指以互联网为主的信息技术（包括移动互联网、云计算、大数据技术等）在经济、社会、生活等各部门、各领域的扩散与应用过程。“互联网 + 工会”就是把大数据、云计算、智能化、移动互联网应用在工会领域，运用现代信息技术手段创新工会业务流程，给工会工作加上信息化的翅膀。

近年来，山钢股份莱芜分公司在大力推进“互联网 + 工会”工作中，依托大数据、云计算、移动互联网等新一代信息技术，为 1.6 万名新时代产业职工织密了服务网。网上练兵系统全国领先，五条保障线独树一帜，民主管理直通快捷，“工惠在线”手机 App 全面普及，普惠服务全面覆盖，网络阅读氛围浓厚，“微系列”文化活动有声有色……随着一系列“互联网 + 工会”工作举措付诸实践，构建了一体化、全方位维权服务体系，拓宽了服务企业、服务职工新渠道，为引领工会工作创新发展、服务职工美好生活提供了强有力的保障。

第一节 “互联网 + 依靠职工”

——“双五十条”落实新时期产业工人队伍建设

名/词/解/释/

什么是“双五十条”

“双五十条”是山钢股份莱芜分公司工会为落实中共中央、国务院印发《新时期产业工人队伍建设改革方案》精神要求，组织实施的《关于新时期全心全意依靠职工办企业的规定》和《新时代职工提升素质当好主人行为规范》，两个规范内容均为五十条，简称“双五十条”。《关于新时期全心全意依靠职工办企业的规定》从“保证职工主人翁地位、落实职工民主权利、发挥职工主力军作用、保障职工合法权益、提升职工队伍素质、支持工会依法独立自主开展工作”六个维度规定了落实依靠方针的具体路径；《新时代职工提升素质当好主人行为规范》从“信仰忠诚、遵章守纪、技能精湛、尽责担当、品行端正、文化自信”六个维度构建了新时代“好职工”标准。两个规定内容系统全面，内涵深刻丰富，构建了企业和职工发展的两条主线，具有很强的时代感、科学性、指导性。

2017 年 6 月，中共中央、国务院印发《新时期产业工人队伍建设改革方案》，提出要造就一支有理想守信念、懂技术会创新、敢担当讲奉献的宏大的产业工人队伍。为落实改革方案精神，山钢股份莱芜分公司从企业实际出发，积极推进制度创新，在开展网络调研、广泛征求意见的基础上，由工会牵头组织实施了《关于新时期全心全意依靠职工办企业的规定》和《新时代职工提升素质当好主人行为规范》（以下简称“双五十条”）两个全局性文件，从制度上保障和发展了职工主人翁地位、激发了职工创新创造活力、促进了企业健康稳定发展。

实施路径

“双五十条”涉及职工队伍建设的方方面面，两个规定相互依存、相互补充。“依靠职工五十条”是把企业作为“第一人称”，从巩固职工主人翁地位、落实职工民主权利、充分发挥职工主力军作用、保障职工合法权益、全面提升新时期职工队伍素质、支持工会依法独立自主开展工作六个方面，提出五十条举措。“当好主人五十条”是把职工作为“主角”，从“信仰忠诚、遵章守纪、技能精湛、尽责担当、品行端正、文化自信”六个维度构建了新时代

"好职工"标准，引导职工想主人事、干主人活、尽主人责。两个规定内容系统全面，内涵深刻丰富，构建了企业和职工发展的两条主线，具有很强的时代感、科学性、指导性。

契合时代发展，在"双五十条"贯彻落实中，公司工会践行互联网思维，充分发挥"一网打尽"工作体系优势，发挥各网络模块的工作效能，有效落实"线上＋线下"服务，切实履行好工会基本职责，引领职工当好主人翁、建功新时代。

践行互联网思维，持续掀起职工思想政治引领新热潮。"双五十条"内涵丰富，是全面贯彻党的十九大精神和习近平新时代中国特色社会主义思想的企业实践探索，是新时代企业管理规范和职工政治引领、行为规范的纲要性文件。为推动"双五十条"迅速落地见效，公司构建了"党委领导、行政支持、工会牵头、职工参

举办《新时代职工提升素质当好主人行为规范》授发仪式

与”的工作格局，运用网络平台，在线上、线下掀起宣贯解读工作的热潮。在线下，组织传统的宣誓、集中学习、知识竞赛、印发手册等活动做好集中宣贯。在线上，依托职工网上练兵系统开展“双五十条”知识闯关活动，8600余名职工参与其中，让“双五十条”的影响力极度放大。同时，还通过工会微信公众号开展互动性、趣味性宣传解读，以网络化、时尚化的语言将抽象的理论和宏观的政策形象化、具体化，加深了职工对“双五十条”的理解，让理论和政策入脑入心。

践行职工思维，有效拓展职工职业发展新通道。发展权益是职工最关注的权益，也是体现职工主人翁地位的重要方面。“双五十条”出台后，公司顺势而为，应势而动，用好网络工具，广泛征求职工代表意见，形成职代会议案，真正实现了“网聚建议”。随着

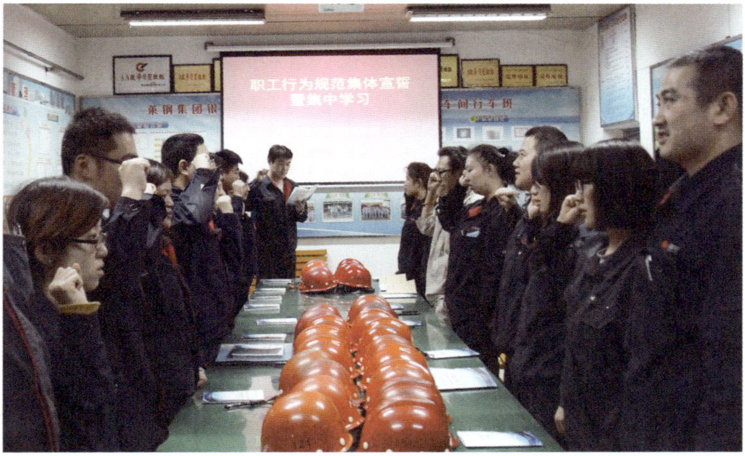

开展职工行为规范集体宣誓学习活动

公司“三定”改革的深入推进，公司工会把相关议案写入了《职工职业发展管理办法》，一举破除了以往管理、技术、操作三个通道壁垒深厚的制度障碍，从根本上改变了职工成长发展模式。目前，公司管理、技术、操作三个通道19个层次实现纵向贯通、横向联通。原来在操作岗上的职工，如今通过努力也能转入技术岗，成长为技能专家，收入甚至与管理岗相当。全国钢铁工业劳动模范姜立松，经过职业素质考核，从一名铁路运输工人提拔到科级干部岗位，实现了一线操作工人向管理干部的转变。在“双五十条”的引领下，公司人尽其才、才尽其用，每一名职工都有奋斗的使命感，都有成长的获得感，都能在崭新的舞台上实现人生的价值。

践行服务思维，切实满足职工对美好生活新期待。面对个性化、多元化、全天候的职工需求，公司工会聚焦服务创新，从供给端入手，持续扩大普惠服务范围和力度，不断满足新时代职工日益增长的美好生活需要。组织公司劳模、公司女杰、一线职工疗休养活动，积极宣传先模人物的典型事迹，营造了尊重劳动、崇尚技能、鼓励创造的浓厚氛围；创新举办暑期爱心托管班，网上报名、网上授课、在线答疑，让职工和学校实现“互联互通”，把班级办成了“孩子快乐、家长放心”的优秀班级，该班级也是全国100个示范性班级之一；关心关爱新入职大学生，组建各级微信群为大学生提供周到的服务，增强新入职大学生的归属感；积极推动职工工作生活环境优化工程，对线上、线下职工提出的92项问题一一进行核实，对全公司27座食堂、29座浴室进行调研和整改，做实

"服务一线在行动"；组织开展职工文化体育节，23 个文体协会、每年 50 余场文体活动，丰富了职工业余文化生活。

践行平台思维，着力构建一体化服务职工新模式。"双五十条"内涵丰富，涉及职工队伍建设的方方面面，在贯彻落实中，公司工会依托大数据、云计算、移动互联网等新一代信息技术，构建了线上服务职工新模式。在服务职工技能素质方面，依托建设运行职工网上学习系统，引领职工掀起了一场学习培训的新变革；在畅通职工诉求通道方面，依托"职工代表直通车"，实现了厂务公开民主管理工作网络化，激发了职工代表参政议政的积极性；在职工帮扶救助方面，依托线上线下帮扶救助管理信息系统，职工"足不出户"即可得到帮助；在服务职工精神文化生活方面，依托微信、微

举办"双五十条"知识竞赛

电影、微视频、微善举、微故事等“微载体”，为职工提供喜闻乐见的“微文化”服务，构筑了职工精神文化的高地。一系列的互联网载体和平台，搭建了“快车道”，架起了“连心桥”，织密了“服务网”，对广大职工形成了有效吸引和凝聚，打通了服务职工“最后一公里”。

实施成效

始终坚持“依靠”方针，职工主人翁地位进一步彰显。企业要建设好、发展好，必须坚持全心全意依靠工人阶级方针不动摇。“双五十条”充分吸收了企业多年来一些行之有效的好经验、好做法，并将这些“传家宝”进行了固化提升，充分体现了时代感、科学性、指导性，推动企业上下形成了依靠职工推进企业改革发展、依靠职工加强企业管理、依靠职工提升经营绩效、依靠职工开展和谐企业创建的良好氛围，使“全心全意依靠职工办企业”的理念变得更实、更细、更具体。

切实维护合法权益，广大职工的获得感显著增强。职工队伍建设是企业改革发展的活力之源、动力之源。只有把职工权益保障好，把职工利益维护好，让职工有主人翁的获得感、成就感、幸福感，才能充分激发职工主人翁意识、切实发挥职工主力军作用。“双五十条”推进实施以来，畅通职业发展通道、改革薪酬体系等一系列保障和发展职工权益的政策，真正做到了发展为了职工、发展成果惠及职工，增强了职工主人翁的责任感，提升了职工主人翁的获得感。

助推企业精益管理，企业高质量发展氛围日益浓厚。企业发展依靠职工，职工成长依靠企业，“双五十条”的核心要义就是“双依靠”，推动企业与职工形成利益共同体、事业共同体、命运共同体。“双五十条”经山钢股份莱芜分公司二届三次职代会通过，由党政联合印发实施以来，就成为推动企业做强做优和满足职工对美好生活向往的“小宪法”，有力促进了企业管理水平和经营绩效持续提升。

切实做好创新文章，企业工会工作品牌进一步擦亮。“双五十条”是对新时代国有企业工作机制创新的积极探索，引领和推动着山钢股份莱芜分公司工会不断创新工作理念和机制，在服务企业、服务职工中彰显作用和价值。2017 年 9 月 15 日，时任中华全国总工会副主席邓凯在公司调研时给予了高度评价，认为公司的一系列做法和经验是最好的、是最全面的、是符合习近平总书记要求和《新时期产业工人队伍建设改革方案》精神的。同年 11 月 14 日，中华全国总工会办公厅印发《以“互联网 +”激发新时代产业工人新动能》的调研报告，系统介绍了公司推进产业工人队伍建设的典型经验。2018 年 12 月 27 日，时任中华全国总工会副主席石岱在公司调研时指出，公司工会干在实处、走在前列，实实在在地把职工的冷暖挂在心上，公司工会的许多工作在全国范围内很有指导和借鉴意义。2019 年 5 月 16 日，全国机械冶金建材系统新时期产业工人队伍建设改革现场推进会在公司召开，总结推广山钢股份莱芜分公司贯彻落实《新时期产业工人队伍建设改革方案》工作经验。

▶▶实施感悟

只有坚持“依靠”方针，方能彰显新时期产业工人队伍建设的初心使命。全心全意依靠工人阶级是我们党的根本方针。以习近平同志为核心的党中央明确指出，不论时代怎样变迁，不论社会怎样变化，我们党全心全意依靠工人阶级的根本方针都不能忘记、不能淡化，我国工人阶级的地位和作用都不容动摇、不容忽视。在中国特色社会主义进入新时代、职工对美好生活向往日益强烈的新形势下，坚持“全心全意依靠职工办企业”这一方针，始终尊重职工的主体地位，才能充分调动和激发新时代产业工人的积极性、主动性、创造性。

只有践行“大维权”理念，才能让新时期产业工人队伍建设各项举措落到职工心坎上。产业工人队伍建设是一项系统性工程，工会组织在推动此项工作过程中，必须树立和践行“大维权”理念，积极争取各方资源，从产业工人队伍思想政治建设、技能素质提升、成长发展、精神文化生活等方面，加强制度顶层设计，推动落实具体措施，依法维护好产业工人政治权益、劳动权益、健康权益、发展权益和精神文化权益等，才能把职工的干劲激活，把职工的心“捂热”。

只有充分运用互联网手段，才能让新时期产业工人队伍建设推进实施更具时代气息。只有依托互联网信息技术，打造方便快捷、务实高效的服务产业工人网络体系，提升网络服务产品的供给与服务能力，及时准确掌握产业工人思想状况、生产生活、技术技能，加强网上思想引领、技术交流、创新成果展示、文化建设等，才能形成网上网下深度融合、互相联动的格局，推动建设宏大的知识型、技术型、创新型劳动者大军。

第二节 “互联网 + 诉求解答”

——职工快线平台

名/词/解/释/

职工快线平台

职工快线平台是企业与职工实时交流平台，职工可就工作生活相关的任何问题进行匿名提问，相关业务部门第一时间回复答疑，建立职工、企业和网络三位一体的信息交流沟通反馈机制，发挥了职工发声平台、问题解决窗口的作用。

利用网络实现职工个人诉求，是企业思想政治工作遇到互联网之后所展现出的新特点。当前，企业绝大多数职工都有自己的“网络身份”，利用网络来表达个人意愿、解决现实问题成为“个人互联”时代的新需求。在以往开展思想政治工作中，虽然建立了“职工思想动态预警机制”“职工代表民主恳谈会”“领导干部联系点”等解决职工诉求的线下平台和渠道，但是部分职工却碍于情面，不方便、不乐意直接向组织表达诉求；与此同时，对企业来说，利用“百度贴吧”“天涯社区”等平台表达诉求又有广泛性、随机性、负面性等诸多不利因素，在解决实际问题上往往事倍功半，企业也因为无法精准解决职工诉求而苦恼。既然“两方有需求”，那么运用互联网技术作为媒介，牵手职工、牵手企业，打通企业、职工“零障碍”快速沟通渠道，成为维护职工队伍稳定、凝聚基层众志的关键之举。在此背景下，山钢股份莱芜分公司充分发挥网络优势，在深入调查、研究探索的基础上，组织搭建了“职工快线”信息平台，并探索建立了一系列运行管理制度，构建起职工、企业和网站三位一体的沟通交流架构，开辟了职工诉求答疑新阵地，增强了企业凝聚力和职工向心力。

▶▶实施路径

画好蓝图起好步。在双方的共同努力下，建设一个定位于“沟通思想、解决难题、促进企业科学决策民主管理，推动企业和谐建设”的平台成为共识，而如何建、怎样建成为摆在面前的一个难题。建立初期，公司设立平台领导小组，采用定任务、压担子的方法，对平台的整体规划、建设、运行管理等工作进行详细布置安排，让责任分工更加明确具体。依照问题提得快、措施落得快、问题解决得快的“三快”目标，将平台命名为“职工快线”。2011 年，一个便捷、实用、高效、可靠的诉求反馈平台诞生了。“职工快线”平台开设“问题快递”“热点问题”“文件公告”“管理员提示栏”四个主要栏目，职工可以提出各类建设性意见和关乎切身利益的问

职工快线平台主页面

题，指定相关部门进行回复答疑，并对答复情况给予评分，让平台作用得到更好的体现。为方便职工操作、查询，平台设计了问题检索、热点排行、短信提示等功能，提高了诉求解决的效率。

建好制度带好头。为保障“职工快线”信息平台的稳定、有序、高效运行，公司先后制定下发了《关于建立公司“职工快线”网上互动平台实施意见》《“职工快线”网上互动平台管理办法》《“职工快线”网上互动平台管理细则》等一系列管理运行制度，明确了职工问题受理程序和各部门职责要求，详细规定了问题的提出、审核、回复、落实等环节要求，使平台具备了制度化、规范化的运行属性。一是规定问题审核发布程序。指定专人负责职工快线的审核发布，每个工作日内及时审核网上问题，做到当日问题当日发布；对职责部门把握不准的，在第一时间明确责任主体，第一时间对负责单位进行调整，之后再公布至平台上，实现了存在问题与归口管理部门的“精准对接”。二是推行留言限时回复和首问负责制。问题提交给哪个部门，哪个部门就要在问题发布后的 3 个工作日内给予答复。涉及多个部门的，“首接部门”就是负责处理该问题的“一把手”，应及时协调相关单位甚至公司分管领导，共同研究制订解决方案，并及时向职工公布，做到“所有诉求有人管，所有问题都能办”。三是实行留言回复监督考核制度。把“职工快线”运行情况作为党委、行政工作的一项重要内容。对未按规定时间回复或因解释政策规定不清楚、答复问题不认真的相关人员给予绩效扣分处罚；对按要求完成答复、整改问题并取得实绩的给予加分奖励。加强网上监督，设立“超时提示”“热点问题”等专栏，对一些难点、热点问题处理进展情况进行“亮化”，接受广大职工监督。

抓好队伍办好事。设置“系统管理员”“职工快线发言人”“职工快线联络员”三级管理体系，分别由“职工快线”领导小组办公室工作人员、各部门主要负责人、各单位的相关负责同志担任三级管理员，共同实现“职工快线”平台的策划、建设、运行管理、日常维护和舆情监督等各项工作，打造了一支政治素质高、业务能力强、覆盖全公司的“专业化”平台管理队伍，为平台的功能发挥做出了积极贡献。为提高各级管理人员的业务素质，公司将“职工快线”管理员培训纳入系统业务培训计划，分批次、分层级组织对“职工快线”管理人员进行专题培训。选拔部分主要管理人员参加省网信办组织的网络宣传管理专题培训，进一步提高了各层级管

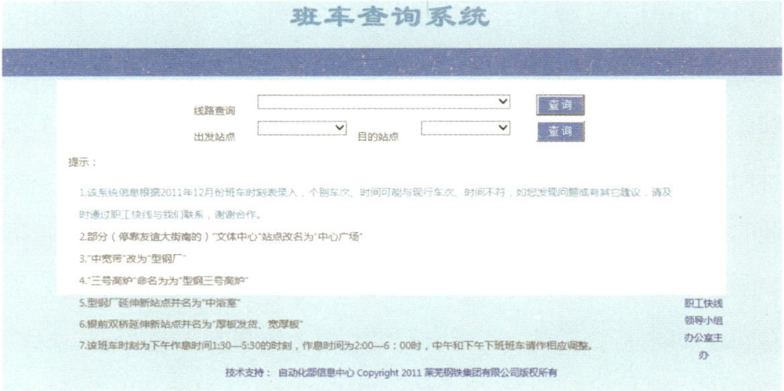

职工班车查询系统页面

理员的认识水平和业务水平，有效提升了网上问题答复满意度和回复率。

做好优化服好务。网络发展瞬息万变。“职工快线”只有紧跟网络发展趋势，持续创新改进，才能更具吸引力、更具活力。“职工快线”上线以来，按照“日常小更新、年度大升级”的思路，每年对平台进行优化升级，把平台建设成运行更加顺畅、职工更加满意、企业更加需要的高品质服务平台。按照“遵循规律、尊重科学、服务企业、职工满意”原则，将“问题

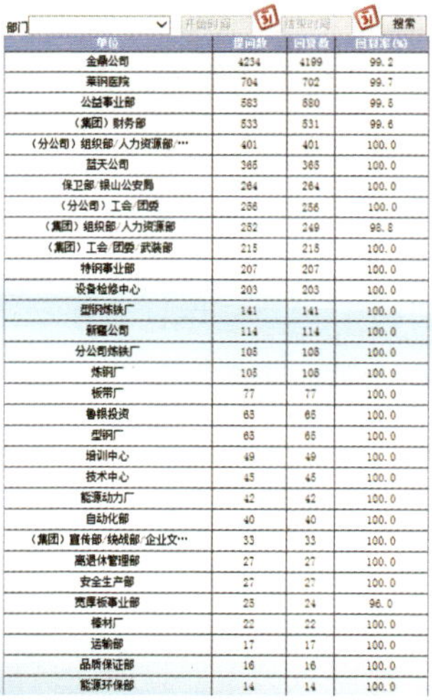
部门 开始时间 结束时间 搜索

单位	提问数	回复数	回复率(%)
金鼎公司	4234	4199	99.2
莱钢医院	704	702	99.7
公益事业部	583	580	99.5
（集团）财务部	533	531	99.6
（分公司）组织部/人力资源部/…	401	401	100.0
蓝天公司	365	365	100.0
保卫部/银山公安局	264	264	100.0
（分公司）工会/团委	256	256	100.0
（集团）组织部/人力资源部	252	249	98.8
（集团）工会/团委/武装部	215	215	100.0
特钢事业部	207	207	100.0
设备检修中心	203	203	100.0
型钢炼铁厂	141	141	100.0
新疆公司	114	114	100.0
分公司炼铁厂	108	108	100.0
炼钢厂	108	108	100.0
板带厂	77	77	100.0
鲁银投资	65	65	100.0
型钢厂	65	65	100.0
培训中心	49	49	100.0
技术中心	45	45	100.0
能源动力厂	42	42	100.0
自动化部	40	40	100.0
（集团）宣传部/统战部/企业文…	33	33	100.0
离退休管理部	27	27	100.0
安全生产部	27	27	100.0
宽厚板事业部	25	24	96.0
棒材厂	22	22	100.0
运输部	17	17	100.0
品质保证部	16	16	100.0
能源环保部	14	14	100.0

职工疑问解答一览表

快递”栏目分为最新提问、最新回复和超时提示三部分；增设“保密留言”，以便于各部门更全面地了解基层信息、更好地解决职工难题；增设了对问题回复的打分量化功能，促进问题回复质量提升；增设班车查询系统、公积金使用辞典、天气预报、网址大全、常用电话等功能，为职工提供更加便捷的网络信息服务。同时，为进一步提高平台运行质量和效率，公司持续对平台进行完善，打通交叉薄弱环节，实现公司与12个二级单位的互联互通，形成了以两级职工快线平台为主体、涵盖公司局域网所有终端用户的庞大信息网络。

▶▶实施成效

职工诉求渠道更加畅通。“职工快线”平台上线运行以来，共提出涉及思想、民生、企业管理等多个方面的问题共计24290条，问题有效回复率达到99.5%。职工通过网络提出问题，有关部门和单位答复、办理，“T+2”工作日内限时办结，以往需要跑几次腿、碰几次壁才能解决的问题，现在仅用几天的时间就得到了根本性解决。诉求解决得快了，职工满意度提升了，和谐企业建设更有实效了。

工会服务职能更加居中。作为新时期的产业工人，他们比以往更加关注企业的生产经营和改革发展。例如，公司民主管理员反映“从炼钢到棒材厂中小型车间澡堂用的蒸汽管道泄漏，为了节能降耗，请有关单位抓紧维修”的问题，公司工会将此问题转发相关单位后，单位负责人第一时间赶赴现场查看，当即制定了维修处理方案，并组织人员进行维修，杜绝了蒸汽管道泄漏，降低了经济损失。在平台上，类似的建议还有近百条，在企业生产经营、降本增效方面发挥了积极的作用。

企业的影响力更加放大。公司搭建“职工快线”信息平台的做法得到山东省国资委的充分肯定，在全省国有企业进行推广。相关成果先后荣获全国冶金思想政治工作优秀论文一等奖、省管企业优秀党建思想政治工作研究成果二等奖、省冶金企业党建思想政治工作优秀研究成果一等奖等奖项，公司的影响力得到进一步提升。

▶▶实施感悟

只有更加贴近职工日常，“职工快线”平台才更有生命力。在平台运行过程中，通过及时解决“职工快线”平台上反映的“职工通勤班车线路改造、公共辅助设施建设、劳动保护用品发放”等2000余项具体问题，成为职工依赖、企业信赖的具有强大生命力的网络平台，切实拉近了企业和职工之间的距离，让职工感受到工会组织的贴心温暖。

只有更加健全规章制度，“职工快线”平台才更有发展活力。只有建立完善答复改进落实制度，形成对问题的跟踪、研究、答复、反思、改进的模式，才能更好地帮助职工解决问题，从根源上实现问题“堵漏”，实现职工服务满意度的提升。

只有更加聚焦和谐企业建设，“职工快线”平台才更有发展动力。只有维护职工队伍的根本利益，让职工切实感受到组织的关心与关怀，职工依托企业发展的责任心和使命感才能更加稳固，全心全意依靠职工办企业的理念才能不断深化落地，建设和谐企业的奋斗目标才能得到更多职工的认可，和谐企业建设的康庄大道才会越走越宽广。

第三节 “互联网＋日常办公”

——指尖上的工会

名/词/解/释/

工会网上办公平台

工会网上办公平台是企业工会将公文传输、业务办理、资料呈送、成果申报等工会基础业务实现全流程“网上申报、网上办理、网上审批、网上发布”的网络工作平台，解决办公程序复杂、办公效率低等问题，提升工会工作效能。

山钢股份莱芜分公司工会在推行实施“互联网＋日常办公”工作中，鼓励基层单位先行先试，本着“提高工会工作效能、提升快捷服务职工水平”的目标导向，着力打造“指尖上的工会”。其中，炼钢厂、型钢厂、能源动力厂三个单位工会在网上办公、职工创新创效、满足职工多元化需求等方面进行了有益的探索与实践，现将三个单位的应用案例展示如下。

“O2O”模式在工会工作中的探索与应用

新时代赋予了工会工作的新内涵，对工会工作提出了新要求，也为工会组织履职担当、创新服务提供了新思路、新方法、新载体、新途径。山钢股份莱芜分公司炼钢厂工会在研究需求的基础上创新服务，把线下需求与互联网深度融合，探索了“O2O”（Online To Offline）互联网服务新模式，打造了互联网思维助推工会工作新局面，让互联网成为线下服务的前台，构建起一个便捷、温暖、智慧的“职工之家”。

实施路径

在线会议“一键参与”。如何利用互联网高效地组织基层工会主席会议、职工代表会议等各种会议，是“在线会议”平台要解决的首要问题。炼钢厂自主开发了在线会议平台，把过去的实体会议

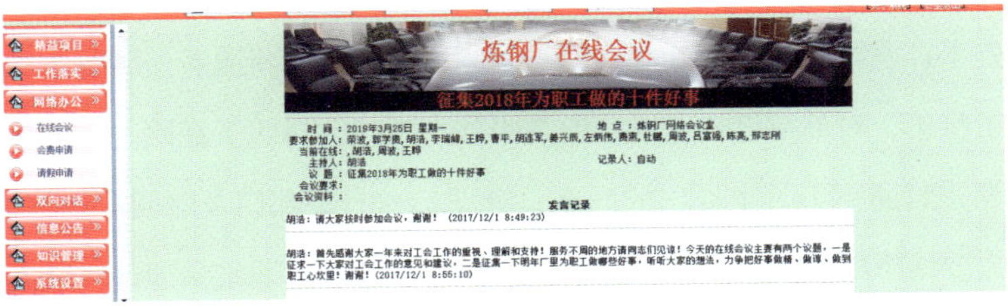

自主开发使用在线会议平台

室变成了“虚拟”会议室，打破了参会者的地域时空限制，实现了“即时交流，互动参与，在线答复”，网上网下联动解决问题机制更加健全。仅 2018 年，炼钢厂召开在线职工思想动态交流会和在线职工代表恳谈会共计 6 次，在线答复问题 63 个。针对职工代表在线提出的各种热点、难点、焦点问题，在线部门负责人现场予以答复，线下到相关车间进行调研，促成了问题的快速解决。

会费申请“一站审批”。“会议的问题解决了，会费的申请能否也在网上进行？”针对基层工会提出的问题，厂工会积极研究，开发了会费使用申请程序。现在，无须纸质申请，只需轻点鼠标就能添加会费使用申请，并自动启动从车间工会委员、车间工会主席到厂工会副主席、工会主席的逐级审批流程，免除了基层工会的往返奔波，提高了工作效率、节约了时间，工会经费的使用与收缴更加公开、透明、严谨、规范。广大职工对这一功能更是赞不绝口，精炼二车间工会主席张国红说：“过去车间工会开展活动，工会经费从申请到报销有时需要跑 3 次才行，现在点一点鼠标就能完成，真正实现了业务办理的高效便捷。”

职工疑惑“一点就通”。困难，羞于开口；咨询，找不准方向；办事，没时间跑……如今这都不是问题，厂工会将服务送到每个职工身边，对话可以不见面，但是服务不断线。对职工在网上、微信等即时通信工具上提出的问题，管理员或有关部门及时回应解释，需要线下办理的问题及时转交有关科室承办，办理结果通过互联网或电话及时反馈，实现了职工诉求解决“一点就行”。如有职工在职工快线上问到，安康分红什么时候下发？工会工作人员第一时间进行了答复，该职工看到工会的回复后，在网上进行了留言感谢。有职工在微信群问厂工会能不能依托家园卡办理中石化加油卡，厂工会第一时间进行回复并予以办理。这种不受时空限制、方便快捷的工作方式，已成为炼钢厂工会为职工服务的新常态，获得了干部职工的好评。

创新项目“网上追踪”。炼钢厂工会坚持问题导向，利用精益炼钢信息系统，用精益的思想实现重点工作的项目化运作，通过对项目绩效、过程管控、指标进步幅度三个维度进行“网上追踪”，把工作中的“软指标”变成“硬杠杠”。厂工会申报《打造劳模创新平台，发挥劳模引领作用》项目后，针对劳模创新平台存在的重视程度不够、阵地不完备、引领作用不突出等问题提出改善举措，并及时在网络上进行公示推广、展示推进进度，并且有针对性地开展重点帮扶、典型引领，让劳模工作室的攻关站和孵化器作用得以充分彰显。其中，张佩劳模创新工作室被山东省总工会命名表彰。许多基层车间工会也结合自身实际，在网上进行多种多样的项目立项工作，利用网上平台开展项目跟进，切实解决了现实难题，提升了工会服务职工的业务能力。

星级评比“网上阅卷”。在基层工会季度星级评比中，按照“系统、规范、实用”的原则，将工会职能分解为组织民管、生产保护、权益保障、宣教文体等具体的模块化工作，做到“工作有目标、任务可操作、时间有节点、责任可追溯”。厂工会从计划制订、

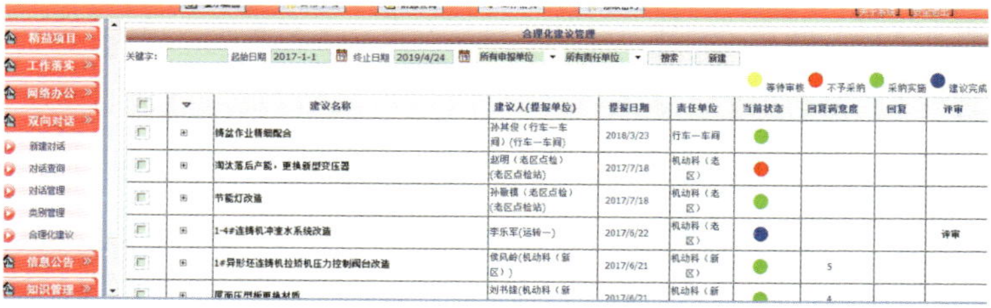

工会网上办公平台——职工合理化建议栏目页面

组织实施、检查考核、整改达标等各个环节，明确目标要求，规范工作标准，先后制定了生产保护、厂务公开、安康办理、在线会议、会费申请等 14 项工会业务标准化操作规程，并在网络平台进行集中的展示与分享，为各基层工会搭建了学习、展示、交流的平台，更为基层工会星级争创搭建了公平公正公开的擂台，提高了大家的积极性。

技能提升“网上练兵”。充分利用公司“网上学习系统”，激活职工学习动力源。结合工前五分钟、班后会、职工大会，有计划、有组织地开展答题练兵，使职工在闲暇之余收获技能成长，让职工尝到练兵的“甜头”。建立骨干帮一个、青工带一个的“一帮一带”学习模式，结成学习对子，有效解决老同志、老职工使用手机不够熟练的问题。每周通报一次各车间练兵参与率、达标率，对各单位工作进行点评，及时宣传练兵活动中涌现出的先进典型，形成了组织推动、骨干带动、典型拉动的工作模式，吸引了广大职工自主学习、广泛参与。

心理咨询“一网无忧”。在充满压力和挑战的日常工作中，如何保证职工良好的心理健康状态，成为厂工会的关注点之一。为此，厂工会利用微信群、QQ 等网络社交媒体，创建了“精彩生活，从心开始”微信群和“心理健康”QQ 群等交流媒介，同时开设了心理健康“私密聊天室”，帮助职工切实解决个人难题，利用新媒体实现了厂、车间和职工个人的点单式服务。2017 年以来，举办“精彩生活，从心开始”专项心理健康疏导活动 13 场，15 名心理咨询师轮流授课，700 余名职工接受了心理疏导服务。

困难帮扶“一网情深”。每年开展“网络征集为职工做好事”“为职工做十件好事”活动，发动职工在网上提出各类合理化建议，帮助职工切实解决难题和阻碍。近年来，厂工会先后在振衣楼维修更换了更衣橱、铺设防滑垫、安装了吹风机，为部分班组配备更新了微波炉、冰柜、电磁炉、桌椅，优化了职工工作条件，得

开展爱心助学活动

到了职工的一致好评。健全网上“帮扶救助信息管理系统”，帮扶救助逐步实现网络化。2017 年以来，累计走访慰问困难职工、资助职工子女上大学 390 余人次，发放慰问金达 37 万余元，为职工撑起了“保护伞”、筑起了“挡风墙”。

实施成效

通过“O2O”线上线下工作的有机融合，既全面提高了工作效率，为职工提供了更方便、更有效的服务，也给工会工作融入中心带来了新变化。

智能办公促进工作效率提升。依托智慧办公平台，建立工作落实网络系统，按照上级布置、领导安排、督办事项等对工作进行分类管理，对工作进度、责任人、绩效结果实时监控，着力打造一体化职工网上服务中心，满足新时代职工日益增长的美好生活需要。

网上练兵促进职工技能素质提升。广大职工立足岗位，积极参与网上练兵，形成了弘扬工匠精神、争当技术能手、助力做强做优的浓厚氛围。在公司开展的 2018 年网上练兵活动中，炼钢厂有 1955 名职工参加了多个工种（专业）的网上练兵活动，一线职工参与率达到 99.5% 以上，累计闯关 66.9 万人次。涌现出“网上练兵”明星王厚睿夫妇等一大批先模人物，胡守良、朱天奇等职工获得了上级工会的表彰。高技能人才队伍已成为炼钢厂的中坚力量。

实施感悟

只有依托互联网技术，才能实现工会工作的提质增效。这既是工会工作顺应时代发展的必然抉择，更是符合精益管理指标化、有形化、可视化、标准化的必然要求。通过打造“网上职工之家”，利用网络平台为职工办好事、办实事，让职工真正在炼钢厂找到“家”的归属感，工会工作才能更上一层楼。

只有把“互联网 + 工会”做成系统工程，才能构建一体化服务职工新模式。在平台规划和措施开展上，只有健全相应的服务保障工作，打造“规范化、数字化、自动化、信息化、安全化”五位一体的工会服务互联网平台，多方位、全角度地满足职工的需求和期待，实现职工服务的“打包出售”，方便职工维护个人权益，才能把工会组织打造成为与职工心贴心的“娘家人”。

只有全心全意为职工办实事，才能真正体现出工会的价值存在。工会是最贴近职工的组织。充分利用互联网平台，收集职工群众的合理诉求并加以解决，帮助职工切实解决工作生活中的难题，职工就会对组织心生依赖、更有归属感，企业才能够真正地实现长治久安。

基于“众筹”思维的职工快捷创新体系建设与应用

创新是引领发展的第一动力，发展动力决定了发展速度、效能与可持续性。在大众创业、万众创新的时代背景下，企业发展对于职工创新的需求愈加明显，传统的参与范围小、评价周期长、激励力度小的创新评价模式已经不符合当前“互联”“数据”“共享”的“众筹”思维理念。山钢股份莱芜分公司型钢厂工会充分把握创新内涵，积极融入众创、众包、众智的互联网“众筹”思维，配套搭建工作机制与流程，探索实施职工创新成果评选的网络化手段，打造了全厂职工皆可参与、评审过程直观快捷、符合企业发展要求的网络化快捷创新新产品。

▶▶实施路径

快速申报，打造“点击式创新”的便捷申报体验。成果评选，要义是体现“快”，这既符合职工自身对于个人价值认同的期盼，更符合企业对于快速发展的期盼。型钢厂工会充分发挥互联网思维的优势，从基础制度设计、流程搭建、团队组建、表单优化、审批表彰等方面做好全过程工作设计与完善，利用钉钉软件自主设计职工快捷创新申报工作流程，最大限度地满足职工随时随地申报创新成果的要求和期待，为职工创造出便捷、高效、可视化的快捷创新申报新路径。制定《职工快捷创新平台运行办法》，遵循试行、修正、补充、运行的工作逻辑，逐渐修正平台的运行轨迹，保证平台的规范与健康运行。现在，只要职工萌生了新点子、新创意、新想法，可以直接拿出手机，填写表单，点击上报，就可以在云端完成成果的申报，消除了以往拿着申报表到处“跑路”的烦琐情况，大幅提升申报效率。

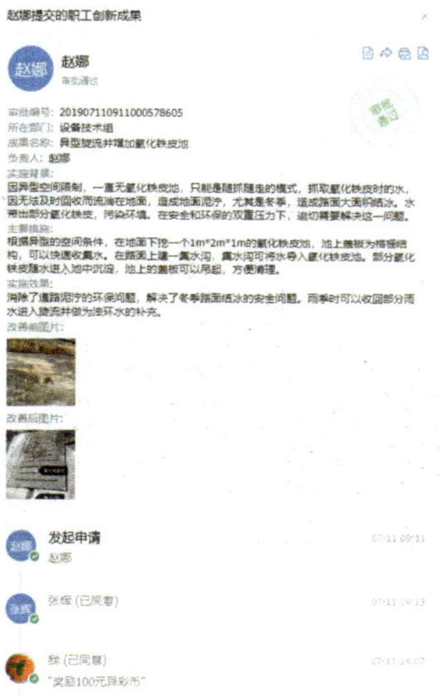

工会网上办公平台——职工快捷创新申报审核页面

快速评审，打造“信息多跑路”的高效评审体验。联合厂生产、技术、安全等部门组织成立联合推进小组，全面优化职工成果申报评审流程，缩短“价值链”，形成即时反馈、每周通报、每月兑现的工作机制，全面调动职工参与热情。型钢厂工会综合内网 OA 端、外网钉钉端、个人手机微信端三个网络平台，设计统一的成果申报样板与流程，全力打造“多网融合”的鲜活创新平台。职工申报创新成果时，运用钉钉系统的内嵌工作流程，打造快捷创新申报的“公文式办理”体验。在一级申报完成后，相关信息自动流转至二级审批，各级管理者所做的工作就是在手机端或电脑端完成审批环节，方便快捷。为了保证质

举办“鲜花 + 爆米花”职工快捷创新表彰会

量，在申报的全部成果中，各级分管负责人瞄准“做细、做精、做实”的要求，严格审核把关，把“摘果子”“装样子”的成果悉数驳回，确保平台上的成果都是历经磨炼的“真金白银”。在项目评审环节，各负责人秉持认真细致的工作理念，对项目作出细致公平的评判，让所有的成果在平台上得到“公平对待”，把严评审验收环节，确保了成果实施全过程整体受控，全部成果均为“精品工程”。

快速表彰，打造“实时预览式”的表彰奖励体验。“实时预览式”，类似于我们的软件实时预览功能，把任何变动都实时地展示出来。在职工快捷创新申报中，申报成果的基本情况如何、评审到了哪个环节、各级评委的评价如何、具体奖励额度是多少，都可以在系统上一目了然地展示出来，直接实现了评审流程的“实时预览”式跟踪。为了充分激发职工的创新创造热情，型钢厂工会还创新了“每周一公示、每月一表彰、季度一公告、半年一评奖”的工作模式，让各类评选高频次地与全体职工“见面”，充分展示创新价值，让参加到创新平台的全部职工都能体会到满满的获得感。设计《职工快捷创新英雄榜》，把每月表现突出、创新价值高的职工“亮”出来，全厂张榜公布，既能让职工明确当前的标杆，找准努力方向，更能激发职工的创新“内升动力”，帮助职工实现高质量发展。

职工快捷创新英雄榜

▶▶实施成效

依托钉钉、OA、微信三大平台的应用，实现了职工快捷创新成果的智能化审批、汇总、查询、存储，真正让成果申报实现网络化运行，全面畅通职工快捷创新成果申报模式，让源头的水“活”起来，让智慧“流”起来。

紧贴中心，做好“实”字文章。平台运行两年来，累计表彰职工快捷创新成果1850余项，先后有50余人次登上了职工快捷创新英雄榜，35 人次被厂评为型钢创客，累计发放成果奖励总额达到 20 余万元，为型钢创造了高达 2200 余万元左右的经济效益，支撑了企业的创新发展与精细发展。创新正在成为贯穿日常工作的主线，助推着型钢全面协调快速健康发展。

激发活力，诠释“活”字内涵。实现“快评快奖”，最根本的保证是使用便捷化的网络平台，搭建职工快捷创新英雄榜，构建网上申报平台，实现成果的“云申报”“云评价”“云表彰”。职工快捷创新平台运行以来，全厂职工踊跃参与成果的申报与评选过程当中，快捷创新工作的品牌度与知名度不断提升，成为全厂职工展现创新智慧的舞台，成为企业创新发展的驱动力。

多点发力，筑牢“精”字根基。创新的源泉来自现场，创新的灵感源自基层。职工快捷创新平台紧紧围绕生产中的各个环节，全面深刻地融合精益管理思维理念，从方法论入手，逐渐暴露并解决生产过程中的重点难点问题，并主动运用 FMEA、六西格玛等先进工具理念解决问题，掀起了型钢厂工艺研究的第二次“文艺复兴”热潮，让精益管理的理念始终贯穿于型钢发展的主线。

▶▶实施感悟

主动研究互联网内涵，工会工作才能更富活力。工会最重要的工作职责就是充分调动广大职工的积极性和创造力，主动为企业的生产经营作出积极贡献。在此过程中，要想依托职工办企业，就更要了解职工、关爱职工、团结职工，主动与职工打成一片，在互联网时代，拉近与职工距离的最直接的“共同语言”非互联网莫属。所以，只有主动做好学习研究，从职工的角度考虑问题，才能把工会做成企业信赖、职工依靠的“娘家人”。

深刻把握互联网机理，工会工作才能更富创造力。互联网社会本身是一个包容、创造的社会，要主动践行互联网的用户思维、产品思维、服务思维，打造出一系列满足职工期盼、符合企业实际运作的互联网产品，从根本上解职工所难、除企业之忧，要抓住工会工作的主线和脉络，让工会工作更具时代气息和感召力量，在不断的创造中赢得职工的信赖和尊重。

主动用好互联网工具，工会工作才能更富魅力。互联网本身是“互联互通”“互为粉丝”，虽然可以无限制关注他人，但也能随时随地“取关”。所以，要想抓住职工的眼球，提升工会组织的“工作魅力”，就要用好互联网工具，打造职工喜爱的互联网产品，是最直观、最高效、最便捷的手段，只有运用互联网思维，时刻给职工和企业带来新鲜感和满足感，工会工作才能被大家贴上“时代”“优秀”的标签，工会工作才能更富魅力、更有成效。

“互联网 + 职工技术创新竞赛”模式的探索与实践

山钢股份莱芜分公司能源动力厂工会按照公司工会提出的“一网打尽”工作布局，依托厂党群信息系统工会模块开设了文件制度、组织建设、经济技术创新、权益保障、女工工作、文体工作、电子书屋七个二级子模块，拓展网络办公及各类群众性创新、劳动竞赛等活动，将复杂烦琐的信息上报、评审、反馈工作形成网络化规范流程，有效实现各类工作无纸化批报，各类创新资源和创新要素的有效集成和高度共享，为企业职工岗位成才、创新发展提供更多的机遇。

▶▶实施路径

构建“网络办公直通”平台，实现工作快捷高效。合理化建议

工会网上办公平台页面

网上追踪。完善合理化建议网络办公程序，实现合理化建议网上提报、网上审批、网上回复、查询统计和监督落实的网络一体化办公流程。职工通过网上程序随时提报合理化建议，并对建议落实情况进行网上跟踪了解。设立不采纳、落实中、暂缓、结题四个状态，班组、车间、厂、公司四个采纳级别，明确采纳单位、负责人，对可采纳、操作性较强的合理化建议纳入厂行政督察督办项目，促进合理化建议的落地实施。劳动竞赛网上评审。按照厂劳动竞赛申报项目，参加劳动竞赛的单位从网上按季度进行提报申请，由相应考核评价部门进行初评。根据初评结果，厂劳动竞赛委员会组织委员到现场进行评价复审，复审结果提交委员会进行研讨，评审依据及最终评审结果在网上进行公布。通过“网上申报初评、现场评价复审、季度评选表彰、年度总结提升”的评审模式，严格劳动竞赛评审的把关，切实发挥了劳动竞赛的作用。

构建“竞争交流直通”平台，加快职工技能素质提升。技术创新网上发布。以群众性技术创新为载体，通过设置网络化在线展示、成果发布、创新培训、项目管控、专题研讨、工作对标等模

职工参加网上练兵活动

块，建立精益化职工群众性创新平台，通过创新资源共享、创新方法交流和创新成果展示，加快职工创新成果的推广应用，进一步完善职工创新管理体系建设。岗位练兵网上比拼。把职工网上学习系统及公司“工惠在线”App平台作为职工学知识、练技能、提素质的重要阵地，组织开展岗位练兵、标准化操作、技术比武等活动，进一步提高广大职工的专业技术理论水平和实践操作技能。

构建“考核评比直通”平台，评先树优公开透明。班组绩效网上展评。扎实推行“精益+5S进班组”活动，搭建学习型班组“精准操作”“识别消除浪费”“标准化操作”“5S现场管理”网上绩效展示平台。班组可随时在网上展示创建绩效，让班组绩效评价更加公开透明、创建经验更为直观参照。季度考核网上通报。建立完善工作精细化管理闭环机制，采取“月考核、季检查、年考评”的方式，对基层班组改善项目、识别浪费等工作进行月度检查、季度评价，根据评价结果评选表彰“先锋班组”，年终将评价复审结果及时在网上公布，并作为各类先进评比重要依据。

开展职工岗位创新活动

实施成效

通过实施互联网学习平台、职工网上创新展厅、班组管理网上流程化等举措，将互联网技术广泛应用于日常工会工作中，不仅使工会组织更贴职工心，也使工会服务职工更“接地气”。

提高了工会工作效率。对线下工作流程进行优化重组，将烦琐复杂的信息上报、评审、反馈等工作形成网络化规范流程，建立配套机制，使线上线下相互促进、有机融合，便捷实用；大量数据信息实现了查询、统计、分类整理功能。通过网络随时展示基层工会日常工作内容、工作质量及工作特色，实现工会内部信息共享，为各类评先树优提供有力依据，促进了工会业务网上网下互动发展。截至目前，能源动力厂共有 3A 级以上班组 20 个。

营造了岗位创新氛围。创新平台的快捷、灵活加速了合理化建议、群众性技术创新成果的反馈，实现了各类创新资源、创新要素的有效集成和高度共享，创新氛围辐射更广、带动性更强。职工紧盯每一道生产工艺、掌控每一台生产设备，将技术创新活动延伸在日常生产的每一个细节之中，针对生产难题开展的“揭榜攻关”“金点子”等活动，处处呈现出群众性技术创新的勃勃生机。仅 2018 年，各车间、科室上报厂工会合理化建议 110 条，结题 54 条，累计创效 323.4 万元。班组总结精准操作法 46 项，技术创新成果 37 项，识别消除浪费 472 项，创效 505.6 万元。

提升了职工队伍素质。利用网上学习系统实现劳动竞赛、岗位练兵全员化，以赛促学、以赛促训、以赛促练，进一步推动职工职业技能素质和技术创新能力“双提升”。大力培育和选拔技术能手，不断提升职工岗位竞争和职业发展能力，在广大职工中掀起学技术、比技能、勇创新、争一流的热潮。2018 年，通过使用网上考试系统，各车间自行组织技术比武 54 场次，职工参与率达到 98%；厂工会组织技术比武 3 次，比武工种 12 个，341 名职工参与比武活动，表彰“标准化操作标兵”15 名，“标准化操作能手”86 名。共计 1457 名职工参加 2018 年网上练兵活动，职工参与率 98.59%，620 名职工受到表彰奖励。

实施感悟

职工创新“智时代”需要依托“互联网 +”来开启。职工是企业创新的主体，职工经济技术创新工作是企业在困难时期攻坚克难的法宝。要想大力培育和发扬职工的创新精神，就要充分借力“互联网 +”的优势，将传统资源与互联网技术相结合，不断创新载体，丰富创新内容，把“互联网 +”贯穿到创新活动的全过程，特别要注意在拓宽职工发展空间、创新技能导向的激励机制、加大对职工创新创效扶持力度等方面下功夫，充分激发职工队伍的创新活力，为企业发展注入源源不断的动力。

工会工作“新领域”需要依靠“互联网 +”来拓展。网络以其特殊的属性和功能，拓宽了工会工作的对象和活动空间，其数字化、多媒体、及时性、交互性和极富感染力传递信息的特性，让工会工作更加形象生动，更具感召力。只有运用“互联网＋工会”的思维，让管理的透明度不断增强，让职工的知情权、参与权、监督权扎实落实，才能有效激发干部职工积极向上、奋发工作的自觉性，增强争先创优的竞争意识。

工会工作“新作风”需要依赖“互联网＋”来培育。心系职工、服务职工，让职工“不快有处吐，不悦有处发”，才能使工会工作更贴近职工、更符合职工意愿。要搭建平台、建立模块化思维，让专业的人从事专业的事，让专业的系统提供专业的服务，这样才能切实为职工释疑解惑、化解矛盾、解决困难，才能助推工会干部转变工作作风、提升工作效能，真正使工会组织成为职工信赖的“职工之家”。

第四节 “互联网 + 技能提升”

——职工网上练兵系统

名 / 词 / 解 / 释 /

网上练兵

网上练兵主要包括网上闯关答题和实践模拟仿真两个环节，是企业利用互联网、3D 动画、AI 等技术，将各工种、专业的理论知识和实践操作移植到网络上，实现在线理论学习和实操训练，从而不断提升职工业务技能素质。网上练兵系统具有先进性、趣味性、便利性、竞技性、开放性、实用性等特点，除满足职工日常学习需要外，可实现技术比武、技能鉴定等网络化运作。

企业要发展，人才是关键。在现代企业中，高素质的职工队伍是推动先进生产力发展的根本力量，是企业在激烈的市场竞争中实现持续发展的重要因素。近年来，在钢铁行业去产能和企业做强做优的大背景下，山钢股份莱芜分公司工会积极探索“互联网 + 工会”工作，建立了职工网上学习系统、职工网上图书馆、职工网上练兵模拟仿真系统“三位一体”的职工素质提升新平台，打造了

"互联网 + 职工技能素质提升"新模式。

近年来，随着互联网的飞速发展，上网已成为职工每日必需的"食粮"，网络与学习的"混搭"不仅避免了传统学习方式的乏味、低效和与实践的脱节，而且大大提升了学习兴趣，引导了广大职工充分利用业余时间提升职业技能、提高技术水平。由于传统的培训和业余学习方式受时间、地点、场地、师资等条件的限制，广泛性和实时性得不到充分体现，职工参与自主学习的兴趣和效果缺乏有效监督和验证。将职工素质提升与网络这一时尚元素有机结合，建立职工网上练兵系统，把职工学习的途径拓宽到互联网，使广大职工能够更加方便快捷地学习业务知识。通过网上学习、练兵、比武、创新、攻关等竞赛活动，使职工在工作之余随时学习，随时检验自己的学习效果，推动职工岗位技能水平和综合素质持续提升。同时，当前国有企业正处于转型升级的攻坚期，面临的困难很多、压力很大，生产经营和改革发展任务繁重，要想实施好产品升级、成本改善、创新提升等关键举措，顺利实现战略规划既定目标，迫切需要一支知识型、技能型、创新型职工队伍。因此，通过建设职工网上练兵系统，深化职工素质提升工程，既是打造高素质职工队伍的需要，也是实施企业发展战略、实现做强目标的客观要求。

▶▶实施路径

坚持“落地、管用”原则，全面推进系统建设运行工作。2014年3月，公司工会联合北京天拓数信科技有限责任公司共同开发运行职工网上练兵系统。目前，系统设置工种101个，涵盖钢铁行业主要工种，拥有试题50万道。系统正式运行以来，每年举办集中网上练兵活动，创新开展团队PK赛、擂台赛等活动，设置“砸金蛋”“抢红包”等环节，引领广大职工掀起了一场学习、工作的新变革。截至目前，公司累计有1.2万名职工参与网上练兵活动，占到公司职工总人数的70%以上，答题人次超过4500万，最高同时

召开职工网上练兵活动总结表彰会

在线答题人数达到2000人，累计表彰各工种优秀答题职工9000余人，累计奖励200余万元。通过网上练兵活动，35名职工荣获“山东省青年岗位能手”，61名职工获得“技术状元”，411名职工获“技术能手”称号，228名青工获“青年技能标兵”称号。在2015年山东省职工网上练兵活动中，公司273名职工进入工种前三名，占工种前三名总人数的68%。在2016年中国机冶建材工会网上练兵活动中，公司职工获得47个工种的第一名。同时，职工网上练兵系统广泛运用于技术比武、技能鉴定、职工考试等活动，近年来在山东省钢铁行业职工职业技能竞赛、公司技术比武中，理论考试通过网上学习系统举办，部分工种实践考试通过模拟仿真系统举办，考试高效、便捷、省时省力，实现了技术比武的全面网络化运作。

注重用户体验和形式创新，实现广泛吸引和有效凝聚。2018年以来，公司工会对网上练兵工作进行了系统的策划和创新，总体思路是以提高职工技术技能素质为中心，以丰富练兵工种为基础，以创新活动形式为推动，通过开展“分级别”“分层次”“分阶段”网上练兵活动，力争利用三年时间实现“工种覆盖100%、职工参与100%”的目标。

职工网上练兵系统闯关答题页面

开展“分级别”网上练兵活

动，提高活动自主性。为将网上练兵活动在基层落地、落小、落实，提高基层自主开展活动的积极性以及各单位活动的针对性和有效性，公司将职工网上练兵活动分为公司级和厂级两个层次。公司级练兵活动的工种主要为公司覆盖人数较多的主体工种，由公司工会负责组织、表彰和奖励，目前有 41 个工种；厂级职工网上练兵工种主要为本单位覆盖人数较多的工种，由本单位工会负责组织，由公司统一下文表彰，累计 60 个工种。

创新“分层次”网上练兵形式，提高职工参与率。公司将练兵分为达标练兵和提标练兵，既鼓励了勤奋好学的职工，让他们勇于提标，又保护了一般职工的积极性，只要他们达标即可。根据工种题库的题目数量、闯关难易程度等，每次网上练兵活动均设置达标分数线和提标分数线。原则上，集中网上练兵的达标分数线为 2000 分，提标分数线为 8000 分。职工达到达标分数线或提标分数线，即可获得达标奖或提标奖。闯关名次靠前的职工，同时获得名次奖。

拓展“分阶段”网上练兵载体，推动活动常态化。为促进网上练兵形式多样化，形成网上练兵常态化、长效化运行机制，公司工会和各单位工会根据实际情况，分别组织开展集中网上练兵、网上练兵区域 PK 赛、网上练兵技能对抗赛等活动，将职工网上练兵活动贯穿全年。公司集中网上练兵活动结束后，将针对部分主体工种举办网上练兵集中竞赛活动。

加大评先树优工作力度，提高活动积极性。每年网上练兵活动

举办专题网上练兵团队 PK 赛

结束后，公司工会根据网上练兵活动开展情况，评选网上练兵优秀组织单位和“闯关达人”。网上练兵优秀组织单位主要考量工种上线覆盖率、职工参与率、单位自行开展活动、职工受表彰奖励情况等，原则上上线工种要达到本单位实际工种的 70% 以上，参与练兵职工要达到上线工种所覆盖职工的 80% 以上。同时，根据各单位实际成效，给予一定的网上练兵工作推进奖励。“闯关达人”主要考量职工参与网上练兵积分和名次情况，原则上通用工种 1—3 名、非通用工种第 1 名授予“闯关达人”称号。

建立运行模拟仿真系统，持续拓展网上学习系统功能。2015 年，公司工会开始建设模拟仿真系统。运用 3D 动画技术，将炼钢炼铁的高炉、转炉和轧钢生产线“搬”到网上，开发职工网上练兵模拟仿真系统，实现了模拟现场操作、规范操作流程、处理异常故障、进行技能鉴定等功能，提高了职工实践操作的熟练度和稳定性，增强了上下工序之间的配合默契度。目前，已经建成高炉炼铁、转炉炼钢、棒材轧钢、板带中宽带生产线、型钢中型生产线、型钢大型生产线、100 吨电炉等 9 条生产线的模拟仿真系统，基本覆盖公司主要生产线。技术比武、技能鉴定的实践考试通过仿真系统进行，实现了职工技术比武全面网络化运作。在近几年组织的山东省钢铁黄金有色金属行业职工职业技能竞赛中，高炉炼铁工、转炉炼钢工实践考试通过模拟仿真系统进行，取得圆满成功。同时，通过仿真系统进行实践考试，完全不影响正常的生产组织工作，也消除了大赛的各项安全风险，确保大赛安全顺行。

模拟仿真系统具有以下五个方面的作用：一是模拟现场生产流程。职工可以身临其境般地体验操作各个流程和步骤，模仿岗位生产操作过程，提高职工特别是新入厂职工对生产工艺流程的熟悉程度。二是提高职工岗位操作水平。通过将生产现场虚拟化，职工在任何时间、任何场所，只要接入仿真系统，就能操作体验实际产线和控制系统。同时，仿真系统中精确的参数变化和定量化要求有助于职工精准操作。三是提升职工故障处理能力。仿真系统模拟现实生产环境中可能出现的典型异常故障，职工通过系统进行反复的判断、分析、处理，直到故障消除，提升了职工故障处理的反应速度和操作能力。四是促进职工实现“一专多能”。模拟仿真系统不仅能关注本岗位的操作技能，也能帮助职工熟悉上下工序、相近岗位的操作技能，提高了上下工序的配合度。五是实现技术比武和技能鉴定网络化运作。将日常生产过程的标准工序、异常情景及处理方式建立到仿真系统中，形成考核专用题库，实现技术比武、技能鉴定实践考试网络化运作。

加强机制建设，充分调动职工和企业各方参与活动积极性。公司出台了《职工网上学习系统管理办法》(简称《办法》)，成立了以总经理任组长、工会主席任副组长，各主要业务部室负责人为成员的工作领导小组。《办法》明确了对网上练兵答题积分较高的职工，优先推荐劳动模范、优秀共产党员、先进生产者、青年岗位能手等公司级荣誉，并将各单位开展网上练兵活动情况纳入月度绩效考核，营造了全员“大练兵、大比武、大闯关、大提高”的良好氛围。每年年底，都会对积分等级获得“研究生”或“博士”的职工授予“闯关达人”等荣誉，并给予一定的物质奖励。这些措施，均有效调动了职工参与学习的积极性和主动性，形成了活动开展的长效机制。

▶▶实施成效

激发了广大职工的学习热情，拓展了职工业务学习和技能提升的渠道。建立职工网上练兵系统，在广大职工中开展网上练兵活动，并根据各工种答题人员积分情况，对表现突出的职工进行表彰奖励，大大激发了职工参与网上练兵的积极性和主动性。职工通过手机、平板电脑登录网上学习系统，方便快捷，不受时间地点的约束，受到广大职工的青睐。

促进了企业科技创新和技术进步，提高了企业核心竞争力。闯关答题、网上学习现已成为广大职工业余时间学习业务知识的重要方式，全面提升了职工技能水平和业务素养，有效促进了企业生产组织、降本增效、产品研发、精益运营等工作。从近几年公司技术比武成绩来看，理论和实践操作成绩较上一届均有较大进步，得益于网上练兵和技术比武的常态化开展。增强了职工参与技术比武的广泛性，实现了职工技能鉴定、技术比武的全面网络化运作。目前，公司利用职工网上练兵系统已经成功组织了 5 次全省和公司职工技术比武活动，同时利用系统开展技能鉴定工作，活动组织更加方便高效，考试更加公平公正，形式更加新颖，充分体现了学习系统在技术比武和技能鉴定方面的作用和价值。

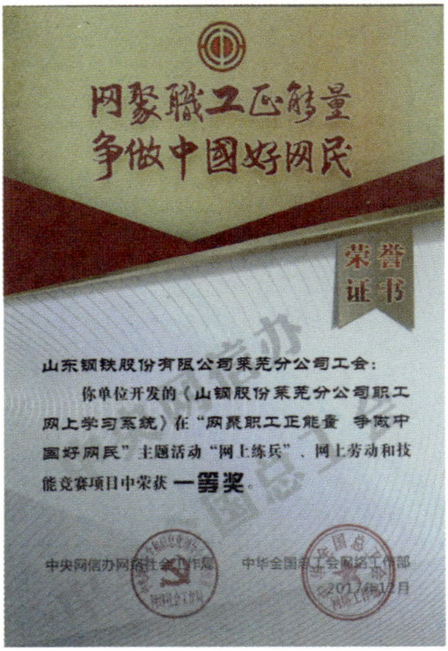

荣获“网聚职工正能量 争做中国好网民”主题活动“网上练兵”、网上劳动和技能竞赛项目一等奖

打造了工会工作新品牌，增强了工会工作影响力。职工素质提升工作是事关企业全局和长远发展的战略工程，也是工会组织的重要职责。职工网上练兵系统是一个切实能为广

大职工欢迎的技能提升平台，职工通过网上练兵系统学习成才、岗位建功，进一步深化了工会服务职工群众的内容和载体，增强了工会组织的号召力和影响力。2017 年 12 月，在全国总工会、中央网信办举办的“网聚职工正能量，争做中国好网民”主题活动中，公司网上练兵系统荣获优秀技术平台一等奖第一名。

实施感悟

开展网上练兵，工会大有作为。推进新时期产业工人队伍建设，工会组织责无旁贷，也必将大有作为。打造“互联网 + 职工技能素质提升”新模式，深入开展职工网上练兵，是新形势下产业工人技能素质提升的必然要求，也是不断增强工会组织先进性、群众性的必由之路。

运行网上练兵，需要着力践行互联网思维。只有紧跟“互联网 +”发展趋势，充分运用互联网思维、工具和方法，持续丰富和拓展系统功能，吸引广大职工自主学习、广泛参与，在网络的空间里感受快乐，在学习的世界中取得进步，在成长的道路上实现梦想，网上练兵才会焕发出新的生机与活力。

推进网上练兵，需要关注几个问题。一是“快”。就是快速推进，互联网产品发展和更新迭代很快，既要大步快走，还要边走边跑。二是“法”。就是方法，要把网上练兵功能设计好，增强系统“粘性”，使职工体验好；要善于运用激励的手段调动职工参与活动的主动性。三是“实”。就是实效的问题。本着“简约、管用、落地”的原则，让职工切实有获得感，推动网上练兵在基层落地生根。

深化网上练兵，工会要唱“主角”。提升职工技术技能素质是工会维护职工权益的重要职责。网上练兵工作是一项系统工程，需要工会组织牵头抓总，主动作为，搭建有利于职工素质提升、帮助职工实现梦想的舞台，在产业工人队伍建设中发挥工会组织应有的作用。

打造网上练兵品牌，需要拓展“互联网＋工会”工作领域和范畴。当今，互联网已经成为人们的必需品，像空气一样无所不在。在一定程度上，谁拥抱了互联网，谁就能赢得职工群众的拥护。所以，工会组织要更大范围地利用互联网来“加”工会工作，这既是时代发展的趋势，也是赢得广大职工群众信赖支持的重要手段和方法。

第五节 “互联网 + 全员阅读”

——职工网上图书馆

名 / 词 / 解 / 释 /

职工网上图书馆

职工网上图书馆是工会为全面深入推进“全民阅读”工作，融合网络图书资源，借助网站、App 等载体，通过构建“日常阅读 + 心得分享”模式，提升图书馆资源利用率，拓宽职工学习通道，激发职工阅读热情，展示职工风采，是引领职工日常学习、“碎片化”学习的重要载体和丰富完善理论知识的重要平台。

书籍是人类进步的阶梯。党的十八大以来，党中央、国务院高度重视开展“全民阅读”工作。2012 年，党的十八大把“开展全民阅读活动”写入报告；2015 年，国务院总理李克强在《政府工作报告》中明确提出：提供更多优秀文艺作品，倡导全民阅读，建设学习型社会，提高国民素质。作为国有企业工会组织，开展“全员阅读”活动，引导广大职工以读书求新知、以读书增才干、以读书提素养，是发挥工会“大学校”作用、当好“娘家人”的重要举措，也是打造高素质职工队伍、增强企业竞争力的基础性工程。2015年，公司工会顺应“互联网 +”发展趋势，拓展工作思路，创新工作方法，建设运行职工网上图书馆，打造“互联网 + 阅读分享”平台，成为引领职工学习成才、提升素质的“知识宝库”。

▶▶实施路径

建设网上图书馆，实现职工网上阅读全天候。在互联网迅猛发展的时代背景下，广大职工在学习、工作、生活方面呈现出了节奏快、方式多、内容广的新特点，以去中心化、动态化、碎片化、零散化、即时化为特征的网络载体受到越来越多的职工欢迎。公司工会顺应时代发展潮流，在建设线下职工书屋、图书室等阵地的基础上，积极搭建职工网上图书馆，设有电子期刊、图书、报纸三大板

职工网上图书馆主页面

块，内容涵盖冶金制造、经济管理、市场营销等13大类专业知识，并同步开发了手机App，在解决学习练兵服务保障问题的同时，为职工提供全方位、多样化、全天候的阅读体验，进一步满足了职工多样化的学习需求。

注重构建“阅读分享”平台，有效激发职工网上阅读自主性。为提升网上图书馆吸引力，公司工会拓展工作思路，创新工作方法，依托平台开发了个人账号登录计分、读书心得发布、阅读排行榜等功能，并运用大数据详细记录并分析职工读书学习情况。职工可通过个人账号登录图书馆，参与网络阅读活动，并将个人阅读心得体会、感想感悟通过平台发布，供大家交流共享。公司工会组织具有一定文字功底和较强责任心的职工对读书心得文章进行审核，制定了读书心得文章赋分规则，本着公平、公正、负责的态度按照文章质量进行赋分。平台通过记录职工阅读时间及读书心得发布情况，自动生成阅读排行榜，使职工阅读、学习、分享具有了趣味性、融入了竞技性。同时，依托平台策划开展职工朗读活动，表彰“读书明星”“朗读明星”，有效激发了职工参与网络读书活动的积极性和主动性。

注重活动组织和有效发动，持续掀起职工全员阅读新热潮。在开展日常阅读分享活动的同时，公司工会每年集中开展“倡导全员阅读，共建书香企业”网络读书活动，每次集中时间1—2个月，本着“正确引导，自愿参与”的原则开展活动宣传发动工作。通过召开线下阅读分享活动、编发活动简报及

职工阅读积分查询页面

《职工网上图书馆常见问题与解答》，引导职工以良好的心态和正确的方式参与网络读书交流活动。活动开展四年来，累计有 2.46 万人次参与，职工撰写读书体会 2.63 万篇，最高同时在线阅读人数达到 2000 人以上，最高日点击量超过 8 万次，取得了良好的活动成效。

编印职工优秀读书心得集锦

注重活动总结与表彰激励，着力提升职工网上阅读的获得感。网上图书馆得到广大职工的广泛认可和积极参与，公司工会不断完善服务，拓展系统功能，根据职工需求及建议，每月对网上图书馆进行更新，确保图书馆图书、期刊资源的时效性和吸引力。每天对图书馆后台运行数据进行检测、分析、处理，做好职工账号查询、密码修改、问题咨询及意见答复等工作，为职工参与活动提供了全方位服务。每次集中读书活动结束后，编印职工优秀读书心得集锦，表彰奖励优秀职工，四年来，累计对 3000 余名职工进行了奖励，表彰了 588 名“网上读书明星”，编印了《最美读书季》《在书中相遇》《阅读的倾城时光》《书旅风光无限好》四本职工读书心得集锦，印发到一线班组，展示了职工读书阶段性成果，提高了职工的获得感和成就感。

实施成效

激活了图书馆资源利用率，激发了广大职工的阅读热情。网上图书馆包含电子期刊和电子图书 13 余万册、300 余种报纸链接，具有非常丰富的图书资源。通过开展主题阅读活动，广大职工对职工网上图书馆有了深入了解，有效激活了图书馆资源利用率，激发了职工学习阅读兴趣和写作热情。

满足了职工精神文化需求，营造了“全员阅读”的浓厚氛围。活动中，广大职工通过手机浏览器、App、电脑等多种方式登录职工网上图书馆，积极参与网络阅读、心得分享、主题讨论等活动，陶冶了情操，获取了知识，丰富了业余文化生活，营造了“全员阅读”的浓厚氛围。

提升了职工队伍素质，展示了广大职工良好的精神面貌。读书活动的有效开展，使广大职工逐渐养成了阅读的良好习惯，提升了个人文化修养和综合素质，展示了新时代职工群体昂扬的精神状态和风貌，凝聚了推动企业做强做优的强大正能量。

实施感悟

深化“全员阅读”活动，需要不断创新工作载体。开展“全员阅读”活动，是提升职工综合素养、打造高素质职工队伍的有力举措，活动的持续深化需要工会组织持续创新工作载体和形式。网络读书活动通过“网络竞赛”模式来引导职工参与阅读分享，具有一定的创新性，也充分体现了先进性、群众性，深受职工欢迎。

深化“全员阅读”活动，需要聚焦职工的获得感。“获得感”是个心理学名词，但它不是一个抽象的概念，而是人们发自内心的真切感受，是具体实在的，而不是抽象空泛的。所以，要有获得感，必先要有“获得”，才会有“感受”。在开展网络读书活动中，通过建立职工读书排行榜、表彰奖励优秀职工、编印职工优秀读书心得集锦等举措，为职工点赞、让职工出彩，使职工在参与阅读分享的同时，切切实实地有所获得，也更好地激发了职工阅读热情。

深化“全员阅读”活动，需要践行互联网思维。互联网为新时代工会工作创新发展提供了新思路、注入了新动力，具有广阔的发展潜力。在实践中，我们践行互联网思维，通过搭建“互联网 + 阅读分享”平台，提升了活动的吸引力和实效性，丰富和拓展了“互联网 + 工会”工作，提高了工会工作科学化水平。

第六节 “互联网 + 民主管理”

——职工代表直通车

名 / 词 / 解 / 释 /

职工代表直通车

职工代表直通车是工会围绕深化推进新形势下企业厂务公开民主管理工作，推动职工代表在职代会闭会期间履职尽责，所建立的职工代表互联网沟通平台，平台具备职工代表建言献策、厂务公开、网络“查保促”、在线会议、在线学习、在线民主恳谈等功能，能够有效发掘基层智慧，提升企业厂务公开民主管理工作水平。

以职代会为基本形式的企业民主管理制度在我国已有多年的探索和实践，也是中国特色社会主义制度体系中重要的一项。但是，随着经济社会的发展，职工的思想更加多元、利益诉求更加多样，如何深化推进新形势下企业厂务公开民主管理工作，构建高效的现代企业民主管理机制，实现劳动关系的和谐稳定，成为工会工作互联网创新的一项重点。为更好地发挥职工代表在职代会闭会期间的作用，让职工代表能够更加深入地参与企业改革发展，山钢股份莱芜分公司工会从企业实际出发，建设运行了“职工代表直通车”，有效提升了企业厂务公开民主管理水平，维护了职工切身利益，促进了企业和谐发展。

实施路径

“职工代表直通车”开发历时半年，覆盖公司、厂（部）、车间（科室）三个层级，各层级既能独立运行、内部循环，又能上下贯通、内外传递，是一个全覆盖、无盲点的大型系统。该系统包含职工代表建议、职工代表“查保促”专线、职工代表在线恳谈、职工代表提案、职工代表团（组）长会议、职工代表培训、网上厂务公开、信息发布八大模块，公司职工代表、各单位职工代表全部注册，公司领导班子成员、公司职能部门、职能科室、各二级单位一起联动，构建了集学习、交流、建议、答复、督办、表决、培训等多种功能于一体的网络系统。

职工代表直通车平台主页面

畅通职工代表建言献策渠道，成为一条职工代表参与企业民主管理的“快车道”。在生产经营过程中，职工代表提出的建议实行分类、开放式、透明化办理，无论是在单位内部能够解决的问题，还是需要公司解决的问题，都可以通过指定流程，在第一时间得到单位负责人甚至公司总经理的批复。在办理过程中，任何一个层级都能跟踪办理的时间和内容，有效提高了建议落实的效率和效果。系统的建立，实现了职工代表建议由原来职代会期间提议向日常化提议的转变。运行以来，各层次累计答复并办理职工代表建议 1200 余条，成为职工代表建言献策的一条“快车道”。

创新“查保促”活动形式，成为一个让安全隐患无处藏身的“曝光台”。安全隐患时刻威胁着职工的人身安全，是实现企业稳定生产的关键控制点。通过网络“查保促”专线，开展“安全随手拍”活动，职工代表在生产现场发现安全隐患，可以在第一时间用手机拍照或者录像，通过“职工代表直通车”提报给安全生产部门和工会，并跟踪解决，落实措施，实现工作闭环。通过“职工代表直通车”“查保促”活动实现了常态化、长效化发展，让安全隐患从此无处遁形。

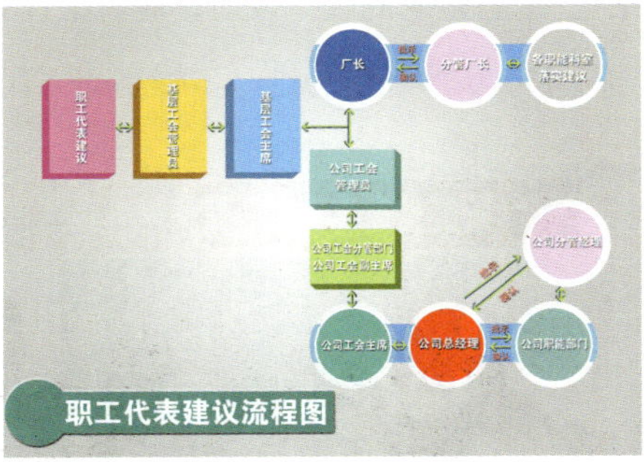

职工代表建议网络流程示意图

构建厂务公开三级网络体系，成为一个及时畅达的“公开栏”。“网上厂务公开”设置公司、厂、车间三级公开网络，及时公开公司改革政策、人力资源优化、薪酬分配等职工关心的热点问题，全面接受职工代表的监督。同时，公司和各单位的重要文件、材料通过系统第一时间直达职工代表。

建立在线网络会议系统，成为一间便捷高效的“会议室”。网络会议系统主要是解决代表团（组）长参加表决类会议往返奔波问题。网络会议召开前，先在“职工代表直通车”上发出会议议案，让代表团（组长）提前进行学习讨论，在此基础上确定时间段进行在线表决并形成决议。这样通过“职工代表直通车”就可以召开代表团（组）长在线会议。

搭建无障碍学习平台，成为一座职工代表学习提高的“充电站”。随着企业的改革发展，对职工代表尽责履职、依法维权的能力需求不断增加。为进一步提高职工代表的沟通能力、调研能力、

“职工代表直通车”网络平台培训班

分析能力和表达能力，“职工代表直通车”开发了职工代表培训板块，该板块提供大量的学习资料，建立了学习、培训、测试、“星级

职工代表”评价等栏目，通过经常性地举办教育培训，使得职工代表能力素质不断提升、依法维护职工权益的能力和本领不断增强。

实行在线民主恳谈制度，成为一座有效密切干群关系的“连心桥”。职工代表民主恳谈会是倾听职工心声、维护职工权益的有效载体，但存在着组织难度大、职工代表不愿表达等问题。职工代表在线恳谈会充分利用互联网的开放思维、对话思维、平等思维，在征集职工代表建议的基础上，工会每季度设置一个职工关心的热点议题，让职工代表与公司党政领导、部门负责人在网络上“坐”在一起，“键对键”地进行沟通交流，真正做到职工有疑虑，领导有答疑，议题共讨论，问题全解决。

实施成效

坚持落实“依靠”方针，充分彰显了职工“主人翁”地位。国有企业要建设好、发展好，最根本的就是要推进、贯彻、落实党的全心全意依靠职工办企业的方针，真正把职工作为企业的主人，做到发展依靠职工、发展为了职工、发展成果惠及职工。“职工代表直通车”作为企业加强厂务公开、民主管理的有效手段和形式，有机契合了党的“依靠”方针，使职工主人翁地位更加凸显。

畅通了职工代表参政议政渠道，有效提升了企业民主管理水平。“职工代表直通车”日常化的建议、快捷化的流程、开放式的管理让广大职工代表敢于并善于建言献策，参政议政的积极性被充分地激发出来，职工代表在职代会闭会期间的作用得到充分发挥。同时，畅通的渠道、及时的批复、快速的落实有效拉进了企业管理层与职工代表之间的距离，增强了企业的凝聚力和向心力，也让职工代表觉得有尊严、有地位、有价值，感受到强烈的“使命感”和“获得感”。

维护了职工切身利益，有力促进了职工队伍稳定。随着企业改革的日益深化和不断加强，广大职工的思想出现了一些波动，部分职工切身利益受到影响。在此形势下，通过运行“职工代表直通车”，能够及时了解职工思想动态和利益诉求，从源头参与上维护职工切身利益，有力促进了职工队伍和谐稳定。

▶▶实施感悟

建设“职工代表直通车”需要打好“主动仗”。要让“举手代表”变为“实干代表”，就要主动建立内外循环、上下贯通、流程直观的上下级信息沟通渠道。只有让来自基层的各类问题都有“回音”，每件事情都有落实，职工代表建言献策的积极性、主动性才能得到提高，民主管理渠道才能更加畅通，才能更好地凝聚人心、集聚人气。

建设“职工代表直通车”需要下好“一盘棋”。“职工代表直通车”是激活职工参与企业民主管理的创新性举措，要让“一盘棋”的工作思路成为厂务公开、民主管理的统揽。要明确“职工代表直通车”管理制度、工作流程和职责落实，实行公司经理的“一键式”批示模式，狠抓各职能部门和科室齐抓共管的责任担当，这样才能促使职工代表发现的问题得到快速落实，职工代表在闭会期间的作用才能更加有效地发挥，职工群众的主人翁责任感才能不断增强。

建设“职工代表直通车”需要开好“和谐号”。“职工代表直通车”是驶向企业持续健康发展的“和谐号”列车，借助于这一创新性的网络系统，有效拓展了以职工代表大会为基本形式的企业厂务公开民主管理工作方式，从根本上落实“全心全意依靠职工办企业”根本方针，让职工代表参与企业管理，只有这样建言献策的民主权益才会得到彰显，才能夯实职工“想主人事、干主人活、尽主人责”的忠诚担当，企业和谐发展的基础才会更加稳固。

第七节 “互联网 + 精准帮扶”

——职工“五条保障线”

名 / 词 / 解 / 释 /

职工“五条保障线”

职工“五条保障线”是山钢股份莱芜分公司工会建立的以“送温暖工程基金”“职工医疗互助基金”“职工互助储金”“职工意外伤害互助金”和“慈善基金”为主要内容的五项保障基金，用于缓解困难职工家庭经济上的压力，对困难职工进行托底保障，化解影响企业和职工队伍稳定的风险。在运行中，发挥互联网、大数据等技术优势，依托“职工帮扶救助管理信息平台”，构建“线下 + 线上”精准帮扶普惠服务职工新模式。

党的十九大报告提出，“必须多谋民生之利、多解民生之忧，在幼有所育、学有所教、劳有所得、病有所医、老有所养、住有所居、弱有所扶上不断取得新进展”。近年来，山钢股份莱芜分公司工会坚持“企业发展依靠职工，发展成果惠及职工”的方针，借助互联网、大数据等技术优势，构建了“线下 + 线上”精准帮扶普惠服务职工新模式，创新职工保障机制建设，在职工群众最关心、最直接、最现实的利益维护途径上进行了一系列有效的探索，实现了工会帮扶工作常态化、制度化、长效化、网络化，实实在在地为职工排忧解难，进一步促进企业和谐稳定发展，职工的获得感、幸福感不断增强。

实施路径

建立“五条保障线”，建设维护企业和谐的“稳定器”。随着企业的快速发展，职工的生产环境、生活条件、收入水平均有了较大的改善和提高。但是，仍然有少数职工由于身患大病、意外伤残等诸多原因，导致家庭承受巨大压力。公司工会坚持“挂着职工冷和暖，维权建家共富有”的工作理念，提出了“不让一名困难职工生活上过不去、不让一名职工看不起病、不让一名职工子女上不起大学”的工作目标，建立了以“送温暖工程基金”“职工医疗互助基金”“职工互助储金”“职工意外伤害互助金”和“慈善基金”为主要内容的五项

职工帮扶救助管理信息系统主页面

保障基金，用于缓解困难职工家庭经济上的压力，分担职工因患大病或意外伤害造成的经济困难，化解影响企业和职工队伍稳定的风险。这五项基金，也被职工亲切地称为“五条保障线”。

深化“五条保障线”，构筑提升职工幸福指数的“助推器”。职工“五条保障线”是经过长期积累逐步建立起来的。1996 年，公司积极响应中华全国总工会关于“深入开展送温暖”活动的要求，通过多方筹集，建立了“送温暖工程基金”。经过 22 年的发展，累计救助公司困难职工群众 36857 人次，发放救助金 9083.07 万元，构建了“春送健康、夏送清凉、金秋助学、冬送温暖”的格局，唱响了维权帮扶的“四季歌”。目前，公司是全国钢铁行业中首个被政府批准的企业慈善机构。

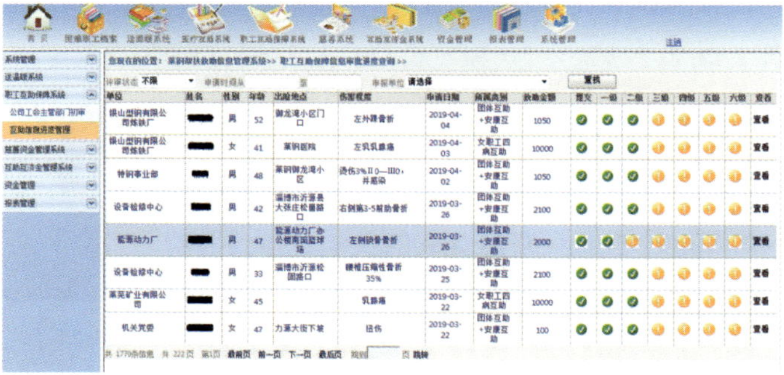

职工困难帮扶救助管理系统运行页面

用好“五条保障线”，打造实现精准帮扶的“加速器”。为进一步规范运行方式，实现快速、高效、精准救助，保证救助工作公开、公正、公平，2014 年，本着“让职工少跑腿，让信息多跑路”

的原则，公司工会创新开发“职工帮扶救助管理信息平台”，为职工生活困难救助提供业务办理及政策咨询服务，实现了困难救助从个人申请到单位审核再到资金拨付的全流程“指尖”运作，提升了办理效率。一是建立覆盖全公司的困难职工档案，从公司工会到基层工会均可详细掌握权限内每名困难职工的基本信息和困难情况；二是增加基层工会对本单位困难职工档案信息进行添加、修改、删除等管理操作权限，同时可以实现统计查询及分级管理，进而方便基层工会进行管理；三是保证基层工会在救助过程中实现网上报送审批，开放了数据管理、统计查询和上报功能，实现了信息的网络传输；四是实现公司工会对困难职工帮扶救助过程的总体把控，把公司工会实时统计查询帮扶资金情况变为现实，实现了帮扶资金的统筹管理。

▶▶实施成效

职工帮扶救助管理信息平台的建立在扶危、救困、帮扶、维权等方面发挥了巨大作用，有效汇聚起企业改革发展的强大力量。

服务职工更加精准。依托“互联网 + 精准帮扶”平台，真正了解职工需求，不断提升运用新手段、新载体提高服务职工的能力和水平，实现了帮扶维权“网络化”，服务职工“零距离”，使得对职工的服务更加贴心、更加到位。

维权帮扶更加高效。规范便捷的工作流程，优质贴心的一站式服务，有效解决了领导关注、职工关心的重点、难点、热点问题。“职工帮扶救助管理信息系统”的应用提高了服务职工的工作效能，截至2018年年底，帮扶系统共审核申报信息23691条，比传统审核方式累计节约了914天。“线上+线下”服务职工模式是“互联网+”职工服务的有效创新和成功实践，拓展和放大了“维权、救助、帮扶”三位一体服务职工的效率和效果，提高了服务职工的满意度，扩大了工会在行业乃至全国的影响力和知名度，成为职工真正享受普惠服务、特惠服务的有效载体。同时，更好地发挥了工会组织服务企业、服务基层、服务职工的重要作用，成为“促进企业发展，维护职工权益”的一个崭新平台。

实施感悟

实施好“互联网+精准帮扶”，需要工会组织有效搭建信息桥梁。更加及时、全面地掌握困难职工的基础信息，为困难职工筑起“防护堤”，是工会维权帮扶工作的重要环节。要通过建立帮扶救助管理信息平台，更加科学有效地对困难职工档案进行管理，使工会成为职工的“第一知情人”“第一报告人”“第一帮扶人”“第一监督人”，只有这样才能更好地维护广大职工的切身利益。

实施好“互联网+精准帮扶”，需要工会组织主动拥抱互联网。满足职工的多元化需求，为职工提供精准化服务，需要各级工会组织主动拥抱互联网、求解互联网，创新工作和方法，只有把不断提升职工幸福指数作为工作方向，才能让职工事业有价值、工作有奔头、生活有温暖，才能不断增强职工对企业的认同感和归属感。

实施好“互联网+精准帮扶”，需要打通职工维权帮扶的“最后一公里”。开展好帮扶救助工作，需要借助互联网和信息化的手段打通“最后一公里”，让困难职工的救助申报、核查、审批等环节实现网络化运作，让帮扶救助工作公开、公正、透明，这样才能从根本上提高帮扶救助的工作效率，才能真正让信息多跑路、职工不跑路，才能获得广大职工的真心点赞。

第八节“互联网 + 文体活动”

——职工微文化活动

名/词/解/释/

职工微文化活动平台

职工微文化活动平台是企业工会围绕弘扬社会主义核心价值观、宣传企业文化、展示职工风貌等主题，紧抓时代“微元素”，直面一线“小人物”，紧贴企业中心工作，所搭建的微电影、微视频、微善举、微故事、微讲坛、微信、微博、微征文等一系列“微载体”平台，是凝聚人心、职工出彩的舞台。

职工文化是企业长期实践的积淀，是一种底蕴，是一种氛围，能够潜移默化地影响人、教育人、塑造人、改造人，是企业独特的、不容易复制的核心竞争力。在互联网信息广泛传播的大背景下，以“去中心化、动态化、碎片化、零散化、即时化”为特征的“微载体”受到越来越多的职工欢迎。近年来，山钢股份莱芜分公司工会顺应互联网时代发展，依托互联网，搭建微电影、微视频、微善举、微故事、微讲坛、微信、微博、微征文等一系列“微载体”，牢牢把握弘扬社会主义核心价值观的主题，突出职工“我参与、我践行、我出彩”的宗旨，不断开辟职工文化活动新阵地、宣传文化工作集散场、思想文化建设新阵营，打造职工微文化新品牌，凝聚职工全力以赴投身企业精益运营、助力做强做优的磅礴力量。

实施路径

紧抓时代“微元素”，搭建职工文化系列“微载体”。公司工会顺应时代发展潮流，依托互联网搭建了微电影、微善举、微讲堂、微故事、微信、微博、微征文等一系列职工文化建设“微载体”。“微电影”以举办“最美莱钢人”微电影大赛、“金凤凰”微电影颁奖典礼为载体，职工通过自己拍、拍自己，自己演、演自己，创作微电影 70 余部，并在莱钢电视台、“最美莱钢人 701”微博、公司党群信息系统上展播，受到了广大职工群众和社会各界的良好反响；“创意微视频”以宣传短片、公益广告等形式，激发了职工的创作热情和潜力，

开展职工微文化活动

有创意、有新意、有思想，展播创意微视频 18 个；“微善举”以职工争做“微善举明星”为载体，关注职工在日常工作和生活中的善小行为，从细微处入手，挖掘员工闪光点，用身边的“微典型”感染人，营造积极向上的企业文化氛围；“微讲堂”以《莱钢报道》职工“微讲堂”专栏为载体，以职工在新时期、新形势下怎么想、怎么做为基本内容，通过基层“车间 10 分钟”“班组 60 秒”形势任务教育讲堂、“四德行”讲堂推选出优秀作品并及时在《莱钢报道》进行展示；“微故事”以“精益管理我出彩”微故事讲演活动为载体，经层层选拔，21 名选手参加了公司组织的“精益管理我出彩”微故事讲演赛，评选出 6 部优秀作品通过网络新媒体展示；“微信”以网络征文活动为载体，开展“当好主人翁、建功新时代”微信推

举办微电影大赛颁奖典礼

送活动，设立“一线聚焦”“身边的感动”“微心愿”等专栏，微信平台已发布官方微信1000余条，评选优秀作品100余篇；“微博”以开展“劳动我最美”微博大赛为载体，发表微博2310余条，转发量达3400多次，《轴承神医卜德勋》等4条原创微博获全国总工会优秀奖；“微征文”以开展微征文大赛为载体，评选优秀作品75篇，分别在《莱钢报道》《莱钢文艺》《银山文苑》《班组学习报》等媒体刊登。

直面一线“小人物”，打造职工“出彩”微文化品牌。公司工会按照“让好人好事上榜，给最美职工作画，为先模人物讴歌”的思路，在全公司广泛开展微系列文化活动，为职工搭台、让职工出彩、给职工点赞，把社会主义核心价值观与“微载体”深度融合，在落实、落细、落小上下功夫，为职工文化筑基、筑魂。开展争做“微善举”明星活动，职工通过随手拍的形式，直面一线“小人物”，真实地展示职工工作、生活中的善小行为，弘扬真善美，践行道德观，增强职工的文化自信和文化自觉，形成自觉践行社会主义核心价值观的精神力量。“最美莱钢人”微电影大赛，用镜头生动形象地记录下身边的“草根英雄”，用笔尖栩栩如生地讲述着莱钢人自己的“辉煌故事”。70余部微电影作品来源于基层一线，题材萃取于职工群众中接地气、聚人气、提士气的内容，职工自编自导自演，部部凝练，部部精彩。活动开展以来，参与微电影编剧、拍摄、制作的职工多达上千人次，演员中，最年长的81岁，最年幼的仅有6个月。微电影让更多的职工第一次做导演，第一次当上演员；职工把熟悉的岗位、自己的家作为拍摄基地，自己的工友、家人加入拍摄团队，上百名“草根明星”走上了颁奖盛典的红地毯；职工聚焦在镜头前、闪光灯下，把握人生出彩的机会，登上梦想成真的舞台。

紧贴企业中心工作，打造职工“聚力”微文化品牌。公司工会坚持以服务企业生产经营工作为中心，牢牢把握“运营转型，精益管理”这一总抓手，突出“精益管理我出彩”“精益运营我当先”等主题。“微电影”展播，演身边的人、演身边的事，用影视镜头展示身边先模人物，展示“运营转型、精益管理”中的典型事迹，从点点滴滴的平凡故事中展现出广大职工爱岗敬业、克难致胜的精神风貌。“微善举”行动，引导职工立足岗位，把工作落实、落细，

举办“精益管理我出彩”微故事会

以微小的善举落实精益管理，展示与企业同呼吸共命运的良好精神风貌。微故事讲演通过网络新媒体展示优秀宣讲作品，有力宣传了广大职工践行精益管理的“出彩”成果。“微讲堂”专栏全面展示职工在新时期、新形势下怎么想、怎么做，激发广大职工在公司精益运营、改革转型中勇于担当的劳动热情和创造活力。一系列“微文化”作品，不断在莱钢电视台、《莱钢报道》、公司党群信息系统、微信、手机电视展播，广泛宣传了企业改革发展中的典型人物和感人事迹，唱响了“劳动光荣、工人伟大”的主旋律。

由小见大、滴水穿石，聚沙成塔、集腋成裘，千里之行、始于脚下，一种积聚的力量，通过一些看似微不足道的行为，不经意地却改变了人们的工作和生活，这就是“微文化”。

▶▶实施成效

推动了职工上前台、当主角、多出彩。职工微文化品牌建设，锻造了一大批优秀人才，成就了一系列优秀作品，一个个感人的故事口口相传，一大批职工人生出彩、梦想成真。微电影作品《一日三餐》荣获中国电影“百花奖”

微电影《一日三餐》荣获中国电影“百花奖”优秀奖

优秀奖;《精益情缘》获全国职工微影视大赛故事片铜奖;《一厘米》《传家宝》获"优秀影片奖";《传承》获中国机冶建材工会微电影大赛一等奖第一名;《小城大爱》获山东省青年微电影大赛一等奖和最佳导演奖。通过举办"金凤凰奖"微电影颁奖典礼，10部微电影获得金奖，110个优秀导演、演员、编剧走上了"红地毯"。微系列作品的广泛传播，让公司劳模、优秀共产党员、钢铁榜样等先进典型成为家喻户晓的"明星"，受到了职工群众的尊敬，成为广大职工学习的榜样。推动了广大职工从"配角"到"主角"，从"幕后"到"前台"，从"默默无闻"到"人生出彩"。微系列文化活动，在企业内外部形成了广泛的影响力，成为公司工会工作的新亮点，打造了企业文化、职工文化新品牌。

体现了工会组织的政治性、先进性、群众性。微文化品牌建设把握主旋律，弘扬正能量，引导职工践行社会主义核心价值观，工会组织的政治性更加凸显；紧跟时代步伐，不断丰富和发展创新形式和载体，工会组织的先进性得以充分体现；接地气聚人气，突出"我参与、我践行、我出彩"，职工广泛认同，积极参与，工会组织的群众性基础更加牢固。微文化品牌建设进一步拓展了工会工作思路，改进了工作方式方法，提升了工会工作科学化水平，成为工会组织服务企业、服务基层、服务职工的有效"法宝"。

增强了企业的凝聚力、向心力、创造力。微文化品牌建设坚持以人为本，面向广大职工，紧贴基层一线，充分发挥工会组织的教育、参与、建设职能，把社会所需、企业所求、职工所盼紧密结合，凸显工会的桥梁和纽带作用。一系列微文化活动的广泛开展，丰富了职工业余文化生活，培养了职工积极进取、健康文明的工作生活习惯，造就了一批微文化建设行家能手，激发了职工劳动热情和创造活力，营造了工会组织服务职工、关心职工、帮助职工的良好氛围，切实增强了企业的凝聚力、向心力、创造力。

▶▶实施感悟

只有紧跟时代发展潮流，职工文化才具有旺盛的生命力。职工文化建设必须立足于时代发展的大背景，否则，难以形成对职工的有效吸引和凝聚。在“互联网 +”时代，网络新媒体为职工文化发展提供了新载体、注入了新动能，需要各级工会组织认真研究，结合实际加以运用，职工文化才能真正成为一种强大的、持久的竞争力。

只有不断创新工作载体，职工文化才具有广泛的影响力。只有主动适应企业改革发展新形势和职工群众新期待，不断探索职工文化建设的新途径，以创新求适应，以创新求发展，持之以恒，常抓不懈，职工文化才能永葆生机与活力。

只有充分履行工会职能，发挥工会优势，职工文化才具有持久的推动力。深化职工文化建设，必须全面履行工会工作职能，发挥好工会的桥梁和纽带作用，把党政的要求与职工的意愿统一起来，只有这样，职工文化才能深入持久发展。

第九节 “互联网 + 女工工作”

——“幸福女工”平台

名/词/解/释/

“幸福女工”平台

“幸福女工”平台是涵盖展示女职工风采、提升女职工素质、维护职工权益、保障女职工幸福生活功能的“互联网 + 女职工”工作平台，平台设有“女工课堂”“幸福家庭”“女性健康”三大板块，是女职工网上学习、素质提升、关怀关爱的“掌上法宝”。

在中华全国总工会的“互联网 +”工会服务职工工作规划里，全总女职工部将建设“互联网 + 关爱女职工服务系统”，面向全国女职工提供普惠性服务，实现全总女职工工作和服务的场景化、普惠化及管理扁平化，开启工会女职工工作新模式。山钢股份莱芜分公司工会作为全总“幸福女工项目”建设的首批试点单位之一，从团结动员广大女职工的角度出发，先行先试，在“工惠在线”App原有服务体系的基础上，开发设计了“女工课堂”“幸福家庭”“女性健康”三大板块，进一步构建“业务上网、服务在网”的“互联

网 + 女工工作”新模式。

实施路径

建设女工课堂，尽展巾帼风采。“女工课堂”设有学习乐园、幸福教练、巾帼讲堂、健康讲座四个子模块，通过“女工课堂”在线学习，职工可以获得多方面的知识，提升综合素质。一是线上线下相结合，打造了企业内部的学习交流乐园。通过学习乐园模块发布线下活动的最新资讯，点击活动可以查看活动的详细信息，职工可以根据自己的兴趣爱好参与各项学习交流活动，针对各个专项活动可以在评论区发表自己独到的见解和体会，活动结束后亦可查看活动精彩回顾。二是推动幸福教练网上教学，帮助女职工缓解压力、快乐工作、幸福生活。“幸福教练”是公司女工工作的一项品牌，通过建立网上的“幸福教练”模块，将专业的幸福教练培训资源放在线上供更多的职工进行观看

“幸福女工”App 平台女工课堂页面

学习，掌握幸福快乐的方法，在幸福“传递”中为企业源源不断地输出更多“幸福教练”。三是发挥榜样的力量，开设巾帼技能讲堂。精选女职工分布较多的工种，鼓励职工将生产过程中遇到的问题、好的工作方法以微视频的形式进行录制，汇总女职工在生产过程中总结的先进操作法，将其放在平台上供所有职工进行线上的学习。学习课程配套测试内容，“一学一测，考学结合”，拓展自我提升的形式，提高自我学习的效率，开辟知识分享与传承的新途径。四是开展网上健康知识讲座。健康讲座以全员健康为出发点和落脚点，坚持“以人为本，健康为重”的理念，开展“职工健康改善活动”，维护职工健康权益、提高职工健康水平。每个季度组织医学专家举办健康知识、卫生救护讲座，提高目标人群对疾病的预防、控制能力，将健康讲座的学习资源放在平台上，让更多的职工掌握健康知识，学会健康管理。

建设幸福家庭，散发知性芬芳。“幸福家庭”设有假期子女托管班、读书进万家、家风传承三个模块。通过“幸福家庭”模块的建设运行，既为职工解决后顾之忧，也为职工家庭建设提供指导，以家庭和谐促企业和谐。一是面向职工开展暑期职工子女托管服务工作，实现了暑期爱心托管班网上报名、管理、展示。点击屏幕即可查询托管班的托管时间、地点、课程安排等信息，还可查看职工子女学习、参与兴趣活动的精彩瞬间，共同分享孩子的快乐。爱心托管班营造了家长放心、孩子开心的假期学习与生活环境。二是开展读书进万家活动。“读书进万家”模块将公司“书香三八”评

举办职工子女暑期爱心托管班

选活动搬到线上，一改以往基层单位推报的形式，职工选择“征文”“家书”“书画”“表演”“摄影”相应栏目，指尖一点即可上传自己的参赛作品。通过层层评比，优秀的职工作品在主页显示，对于职工本人将是莫大的认可与鼓励。广大女职工在阅读中培育和践行社会主义核心价值观，继承和弘扬中华民族传统美德，传播向上向善、敬业诚信、终身学习、绿色节俭等文明理念。三是开展家风传承系列宣传活动。文明家庭、好内助、好夫妻、好儿媳、好儿女，一例例鲜活又感人的事迹在线上展示，形成“好的家风就在身边”的宣传氛围，引导职工以先进家庭为榜样，培育好家风。

关注女性健康，倾注关爱真情。“女工健康”设有在线问答、心理测评、健康管理三个模块，关注女性身体与心灵的全面健康，让女职工感到温暖就在身边。一是“在线问答”解难题。与北京师范大学专家、省内知名心理咨询专家以及公司幸福教练等进行签约，为职工提供线上心理咨询服务。职工可根据个人需要选择相应的专家进行咨询，在一对一沟通中，帮助解决遇到的各类工作、生活难题。同时，依靠大数据分析，汇总职工关心关注的常见问题，由专家进行集中解答，为更多职工提供一目了然的问题解决方案。二是“健康管理”打通就医“绿色通道”。与北京“胜利康健”构建合作关系，为职工提供健康管理和北京各大医院的挂号就诊服务，职工通过线上申请预约挂号，审核通过后由“胜利康健”为其进行预约挂号，提供贴心的就诊服务。三是“心理测评”助力全员心理健康。与北京师范大学进行合作，对心理测评模型进行深度开发，构建公司心理测评系统，测评涵盖心理健康、人际关系、人格特质、职业兴趣等多个方面内容。评测以答题形式呈现，根据职工的答题结果系统自动生成评测报告，并根据评测结果给出指导和建议，实现了心理倾向、心理问题自主掌握，帮助职工及时调整心态，快乐工作、快乐生活。

实施成效

女职工组织的凝聚力明显增强。“幸福女工”模块的建设运行，推进了公司女职工委员会和基层女职委履职尽责，推进了女职工组织规范化建设，把女职工有效地凝聚在网上，进一步提升了女职工组织的向心力和凝聚力，展现了女职工爱党、爱国、爱企、爱家的情怀和健康向上的精神风貌。

女职工队伍的整体素质显著提升。“幸福女工”模块的建设运行，有效地促进了女职工队伍综合素质的提升，涌现了一大批具有影响力的女职工先进集体和个人，一支集“学习型、知识型、创新型”于一体的复合型女职工队伍正在不断壮大，这对于企业生产经营建设的持续健康稳定发展发挥了“半边天”作用。

广大女职工的“幸福指数”显著提高。各级女工组织把“幸福女工”建设作为“服务企业、服务基层、服务女工”的平台载体，通过组织开展网络读书征文、一封家书、幸福教练培养、网上心理测评等活动，“忠诚、尽责、知性、友善”的品格逐渐深入人心，女职工在工作、生活、家庭中扮演着越来越重要的角色，幸福感、获得感显著提升。

实施感悟

女职工工作的创新能力需要在桥梁纽带作用中彰显魅力。随着企业改革的发展，对工会女工组织更好地发挥桥梁和纽带作用也提出了更高的要求。女工组织必须适应企业发展新战略和女工群体的新要求，全面把握工作对象的变化，在提高、帮助、服务、联系女职工中探索新思路，创立新的运行机制，最大限度地整合各种资源，使广大女职工享有平等的发展资源，共享发展成果，只有这样桥梁纽带作用才能及时有力地得以彰显。

增强女职工工作的归属感需要实施情感管理。目前，我们大力推进和谐企业建设，而家庭和谐是构建和谐企业、和谐社会的基础。女职工状态的好坏与家庭的和谐状况、幸福感密切相关。各级女工委要对女职工实施恰当的情感管理，增强凝聚力和亲和力，并以此为出发点，通过积极行动和真诚的情感与女职工进行精神层面的交流，提升她们的奉献精神，增强她们的工作积极性，这是提高女职工工作创新的前提和基础。

激发女职工工作的创新活力需要因地制宜开展活动。女工工作的进步往往与各种活动有关。因此，在活动的设计中，应充分考虑女职工的特点。比如，鼓励女职工积极参与创新创效活动，在岗位练兵、技术比武、技术革新等企业创新活动中，特别关注女职工表现，对业绩突出的女工给予表彰奖励。再如，通过“书香三八”读书活动、“女职工心灵护航”活动、“巾帼文明示范岗”创建活动等，培养女职工开拓进取、不甘落后的精神，从而提高女职工的整体素质，发挥女职工“半边天”的作用。

第十节 “互联网 + 普惠服务”

——“工惠在线”App

名/词/解/释/

“工惠在线”App

“工惠在线”App 是山钢股份莱芜分公司工会结合职工群众需求和工会工作需要，精心打造的一体化职工网上服务中心，具有功能齐全、技术领先、普惠服务的特点，涵盖网上练兵、阅读听书、惠员 e 购、在线考试、幸福女工、便捷服务等多个功能。“工惠在线”致力于实现职工学习、工作、生活、维权、发展等服务一体化，将工会组织能够提供的服务资源与广大职工群众的切实需求双向实时连接，实现了服务对象全覆盖，服务时间全天候，服务方式快捷化。

便利生活、普惠大众是未来科技发展的必然趋势，也是工会组织普惠服务工作的应有之义。职工需求向多层次、多样化发展，那么服务时段如何从上班时间向全天候转变，服务资源如何从工会资源向整合社会资源转变，服务方式如何从线下为主向线上线下互动融合转变？山钢股份莱芜分公司工会的答案是把服务变成触手可及的产品，“工惠在线”App 应运而生。职工只要拿出手机，就能进行练兵答题、在线咨询法律、心理疏导、线上帮扶申请、医疗互助、生活类服务事项在线查询、购物优惠、医院预约挂号等服务。通过手机，工会的各项服务已渗透到了职工生活的方方面面，初步形成了“互联网 + 普惠服务”体系，切实把服务和优惠送到了职工身边。

▶▶实施路径

整合优势资源，持续拓展服务功能。“工惠在线”App 的建设把握整体思路，结合职工群众需求，把工会组织能够提供的服务资

举办工会“一网打尽”工作推进会暨“工惠在线”App 上线推介会

源与广大职工群众的切实需求双向实时连接起来。开发设计了网上练兵、网上图书馆、在线听书、惠员 e 购、在线考试、职工关注、快捷服务、女工课堂、幸福家庭、女性健康十个模块，实现了职工学习、工作、生活、维权、发展等服务一体化。一是强“内功”。把公司职工网上学习系统的网上练兵、网上图书馆、在线考试等优势资源“移植”到手机端并进行二次开发，持续放大网上练兵、网上读书的用户群优势，实现了职工网上学习从电脑到手机的无缝衔接，更加符合职工“随时随地、想学就学”的期待。在“工惠在线”App 诞生后随即开展的网上练兵活动中，14083 名职工热情参加，一线职工参与率达到 95% 以上，累计闯关 677 万人次，职工参与人数、参与率均创历史新高。通过 App 组织开展了“团十八大”知识竞赛、党员干部德廉知识测试等活动，杜绝了职工集中奔赴考场的困扰，得到了参与职工的普遍好评。二是顺“潮流”。与“喜马拉雅 FM”合作，依托新上线网上图书馆开发了在线“听书”模块，借力其丰富的有声书资源方便职工听书，满足了职工多样化的阅读需求。三是借

“工惠在线”App 主页面

“惠员 e 购”特约商家标识

“外力”。在中华全国总工会正在推进的“幸福女工”App建设中，公司工会成为“幸福女工”首批全国试点单位之一，把全国庞大的数据资源吸收到“女工课堂”“幸福家庭”“女性健康”三个模块当中，为公司广大女职工学习、健康、成长提供全方位的呵护。

创新运行机制，持续增强使用黏性。一是创新闯关练兵形式。此次依托“工惠在线”升级后的“手机版”网上练兵，从运行模式到系统设计属国内首创，是目前全国最先进的职工网上学习平台。以增强网上练兵趣味性为目标，对“闯关练兵”闯关界面进行游戏化设计，对闯关模式进行了修改，设计了难度逐渐增加的 100 关闯关游戏，使闯关更具挑战性、趣味性，新颖的设计让“通关”成为热潮。在对“闯关练兵”进行大范围改造的基础上，增加“一战到底”和“好友 PK”功能，让职工在大比拼中提升了学习的乐趣。二是创新积分兑换学习币模式。制定了科学的学习积分体系，职工参与闯关练兵、网上读书、一战到底、好友 PK 等活动中获得的学习积分按照一定比例计入总积分，总积分按照一定比例兑换为学习币，学习币可直接用于线下消费。积分兑换学习币体系的建立，大大提高了职工的闯关积极性。在 2018 年集中网上练兵活动中，职工个人最高闯关总积分达到 62 万分，达标人数 10278 人次。三是创新普惠服务模式。开发“惠员 e 购”功能，精选了企业驻地济南市钢城区范围内的百货大楼、大峰烘焙、中石油等 10 余家优质商家进行合作，为广大会员提供线上线下专属优惠商品和服务，充分满足了职工衣食住行等方面的需求。平台为每一个合作商家开通商品展区，职工在线上挑选心仪的商品后，持个人工会电子会员卡到合作商家进行消费购物，即可享受优惠特权。平时闯关、读书获取的学习币，在这些商家中可以直接消费。用学习币为家里购置空调、为孩子买蛋糕、为爱车加油……真正实现了学有所乐，学有所成，学有所“惠”。

关注用户体验，App 设计更具前瞻性。“工惠在线”App 致力于打造职工个人专属空间，通过大数据分析，为每一名职工提供个性化服务。一是避免信息重复性。做好 App 与工会微信公众号信息发布功能的职责定位，各负其责，避免出现“无用”信息。“工惠在线”App 作为重要信息发布渠道，设置“职工关注”功能，将职工最关注的维权帮扶、文体活动等信息及时有效地

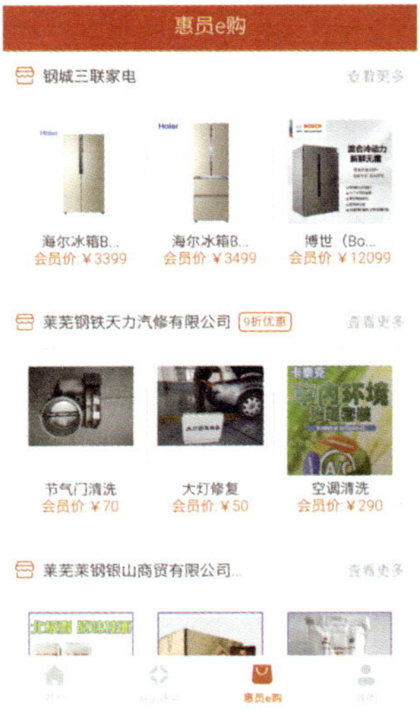

“惠员 e 购”专区页面

传递给职工，注重让职工掌握第一手信息；工会微信公众号作为工会新闻宣传渠道，对各级工会组织开展的活动进行对内对外广泛宣传。二是突出信息的精准性。在 App 首页设置了我的闯关、推荐商品、推荐听书、我的练兵排名四大功能模块，实现信息精准推送。“我的闯关”功能将职工个人参与的网上练兵工种展示在首页上，职工在参与某一工种的闯关答题之后，该工种的图标将自动显示在该区域，下次答题直接点击进入即可，免去查找环节，方便职工快速进入答题状态。“我的练兵排名”功能主要展示个人参与的闯关工种的排名、等级、积分情况，实时动态更新，个人闯关学习情况一目了然，同时，抓住职工“竞争”心理，按照排名高低依次显示各工种闯关情况，进一步提高了职工参与网上练兵的积极性。“推荐商品”功能将各合作商家的特惠商品实时推送到首页上，让职工第一时间掌握优惠信息、享受优惠资源。“推荐听书”功能自动抓取喜马拉雅热门听书资源在首页显示，为职工提供更加优质的听书资源。三是增强会员归属感。开发“我的”个人中心功能，包含个人资料修改、个人闯关记录、积分记录、错题回顾、我的会员卡等功能。其中，“我的会员卡”是一张包含个人姓名、工作单位、会员号的电子会员卡，是职工享受“惠员 e 购”功能的唯一凭证，职工可以选择学习币支付，也可以在通过商家扫描验证会员身份之后进行现金支付。同时，设立“工惠在线”专属结算通道，让职工在享受优惠服务的同时极大地提高归属感和荣耀感。

▶▶实施成效

推动工会工作“一网打尽”迈出坚实步伐。“工惠在线”是推进工会工作“一网打尽”的总牵动，搭建职工学习提升平台，连接职工日常生活服务资源，设置丰富多彩的活动，打造了“网上职工之家”，有效扩大了工会工作覆盖面，为企业持续稳定发展、实现做强做优奠定了坚实的群众基础。

增强了工会组织服务职工的能力和水平。职工不仅能通过“工惠在线”学知识、提技能，获得看得见的实惠，享受到个性化服务，还能足不出户，实现商家优惠、公积金等信息查询功能，大大方便了职工的工作和生活。“工惠在线”App成为提高工会服务能力、展示工会形象的“窗口”，它把工会组织与广大职工群众双向实时连接起来，实现了服务对象全覆盖，服务时间全天候，让职工切实感受到工会温暖可靠、近在身边。

提升了职工参与工会活动的积极性。互联网时代职工群众的需求日益多元化、个性化。公司工会始终站在职工立场，围绕职工群众的“生物钟”开展App建设运行工作，满足了职工学习、生活、维权等多方面需求。同时，构建的积分体系和“惠员e购”功能形成了对职工的有效激励，引导职工主动自觉地参与到网上练兵、网上读书等各项活动中来，使参加“工惠在线”成为职工的一种生活习惯。

▶▶实施感悟

“互联网 + 工会”建设必须践行产品思维。一款职工喜欢的网络产品是工会开展“互联网 +”工作的落脚点。没有产品，“互联网 + 工会”将只是空谈，要在综合分析企业需要什么、职工需要什么的基础上，围绕“+ 在哪”“怎么 +”“+ 成什么样”，得到一个综合的结果，从而为具体的产品设计、运营提供判断支持。

“互联网 + 工会”建设必须坚持以人为本。开展“互联网 + 工会”工作，目的在于服务职工。为职工服务，必须坚持以人为本，主动适应职工的期待和需求，让职工在共享互联网发展成果上有更多获得感。在具体产品设计上，更要做到“设身处地”，感知不同人群在不同场景下的体验，从而将产品做得更有黏性，将服务职工做得更接地气。

“互联网 + 工会”建设必须做到资源整合。随着近几年“互联网 +”工作的快速推进，各专业服务平台纷纷建立，必须树立“一盘棋”的思想，统筹整合现有网络资源，实现系统内资源有机整合与充分共享，化繁为简，只有这样才能提高运营效率。同时，要处理好内外资源的关系，做好与上级工会组织网络资源的结合，统筹好、协调好、融合好，避免出现功能和信息重复的问题。

第十一节 “互联网 + 心灵成长”

——职工阳光心态培育

名 / 词 / 解 / 释 /

EAP

EAP（Employee Assistance Program）直译为员工帮助计划，又称员工心理援助项目、全员心理管理技术。它是由企业为员工设置的一套系统的、长期的福利与支持项目。通过专业人员对组织的诊断、建议和对员工及其直系亲属提供专业指导、培训和咨询，旨在帮助解决员工及其家庭成员的各种心理和行为问题，提高员工在企业中的工作绩效。

在劳动关系和谐企业建设中，心理和谐是一项重要支撑。近年来，伴随着精益生产模式的广泛推行，企业对职工精准操作、精准管控提出了更高的标准和要求，各环节生产制造水平和效益持续提升。但同时，紧张的生产模式也容易让职工的心理发生变化，工作压力的增加也极易对职工的工作和生活带来影响，广大职工成长发展和心理的关怀需求更加迫切。山钢股份莱芜分公司特钢事业部工会立足服务职工、服务大局，实施以“互联网 + 心灵成长”为主要模式的职工成长计划（EAP），创新性地把职工的心灵健康成长列入职工的成长发展计划，让心理学、咨询学、社会学等专业知识成为提高广大职工心理健康指数的“精神导师”，让广大“幸福教练”活跃成为服务职工心灵健康成长的“开路先锋”，着力提高职工心理健康指数和幸福指数，为促进企业和谐劳动关系建设发挥了重要作用。

实施路径

实施网上“疏导关怀行动计划”。以美国德若伽提斯（L.R.DeRogatis）于 1975 年编制的《症状自评量表（SCL — 90）》为心理评价手段，充分发挥其内容广泛、反应症状丰富、能准确描述病人的自觉症状等优势，广泛开展职工心理健康网上测评活动，完成了 2767 名职工的网上心理健康测量，得到了大量丰富有价值的数据，构建了全厂所有职工心理健康状况的精准“素描”，使职工的心理健康状态得到了充分的反应和体现。通过汇总数据，全部处于“心理健康状况良好”状态的职工有 2295 人，占全部人数的 84.9%，处于“亚健康状态”的职工占 8.9%，处于“心理健康状况不佳”状态的职工占 6.2%。根据测量评估的结果，重点对处于心理亚健康状态和心理健康状况不佳的 15.1% 的职工实施重点关注。做好心理咨询、心理援助、心理干预三个层次的心理疏导与人文关怀

开展职工心理咨询服务

工作，帮助其恢复心理健康。以尊重、热情、真诚、共情、积极关注的态度，组织对“亚健康状态”“心理健康状况不佳”的职工进行分类疏导与管理，对“心理健康不佳”的职工，实施一对一个体疏导，20 余名个体求助者心理问题得到了有效缓解。建立网上《职工心理健康档案》，动态化、全方位掌握职工心理健康状况和需求。自上而下建立了心理辅导志愿者队伍，购置了一批心理疏导书籍，组织 10 名国家三级心理咨询师精心制作课件，定期举办心理疏导课，普及心理健康知识。组织开展“快乐心灵”体验日活动，开展心理测量、音乐放松、情绪宣泄、沙盘游戏等活动，先后有 2000 多人次参加，职工情绪得到有效宣泄，疏导关怀效果明显。

实施网上“品格培育行动计划”。开通网上微课堂，开展社会主义核心价值体系的学习教育、品格培训、拓展训练和体验活动等，全面提升职工品格素养，已累计编发150期网上微宣教材料；组织“精益转型，观念先行”宣讲团深入班组，巡回宣讲70场次，培训职工5000多人次，促进职工观念转变；全面推进网上“四德教育”和道德模范、“感动人物”评选活动，形成自觉遵守社会公德、职业道德、家庭美德和个人品德、自觉践行道德规范的环境与氛围，不断提升自我认知。强化文体协会建设，通过有针对性地设置能够化解职工心理症结、心理压力、心理矛盾的网络文体娱乐节目，引导职工加强沟通交流，调整心理状态，转变行为，提升修养。

实施网上“健康关爱行动计划”。一是建立网上健康培训机制。设立“职工健康生活课堂”，有计划地聘请专家学者来到网上教育课堂授课，为职工提供健康知识援助。线下设立心理健康教育、心灵成长教育基地，形成线上线下学习教育咨询一条龙服务。二是建立网上健康监测机制，定期组织职工健康查体，进行职工体能测试。三是建立网上健康救助机制。不断完善帮扶救助体系，建立起送温暖工程、职工互助互济储金、大病医疗互助、职工意外伤害互助、慈善救助五项基金，及时走访职工，帮助解决在医疗、生活、子女上学等方面遇到的困难，形成了为职工“挡风遮雨”的网上救助绿色通道。利用网上数据支持，通过分析职工心理变化，特钢事业部准确分析职工心理变化趋势，准确定位困难职工，提前将关怀和慰问送到职工心坎上。近年来，累计筹集救济、走访慰问金38.8

万元，走访、救济困难人员465人次；为259名患大病职工发放救助金102.9万元，解除了患病职工的后顾之忧。

实施线下“成功心理素质训练行动计划”。依托职工服务站，建立心理疏导中心，开展心理健康教育，传播普及心理卫生知识等，为职工提供免费心理咨询服务，帮助解决心理问题。组织基层车间工会利用情绪类测试、心理健康测评、人际交往测评、个性测评、婚姻测评等5大类11个测评表，做好职工的心理测评。根据职工思想状况和心理健康测量评估状况，以及职工健康成长的心理需求，深化实施“成功心理素质训练”，使职工逐步掌握提高健康心理素质的方法与技巧，提升个人心理健康水平。精选6名心理咨询师，历时半年时间，自主开发了自我认知与职涯规划训练、潜能

开展职工心理疏导活动

开发训练、社会适应能力训练、人格魅力训练、健康心理模式训练等 11 个模块的课程，举办 80 余期训练班，自主授课，全员轮训，培训职工 4000 多人次。授课充分体现了思想性与艺术性，主导训练与互动学习的有机统一。为突出体验效果，还增加了课堂游戏互动，安排箱庭疗法体验活动，得到了广大干部职工的认可和接受，使职工对心理疏导的基本原理、方法有了初步的认识和掌握，心理健康水平不断提升。

实施成效

“互联网 + 心灵成长”为实施职工成长计划、促进和谐劳动关系建设搭建创新平台。互联网时代的到来，对建设和谐劳动关系提出了新课题，同时也为丰富人文关怀心理疏导工作内容、改进方法提供了新载体和新工具。通过运用“互联网 + 心灵成长”工作模式，将心理健康测量系统与网络相结合，适应了新常态下的职工需求，增强了和谐劳动关系建设的科学性、主动性，促进了企业和谐稳定发展。

准确把握职工心理状况，为实施职工成长计划、促进和谐劳动关系建设打造坚实基础。创富学之父顾修全说过：“真正的管理人是去管理人的情绪。”要做到“安人”，先要做到“安心”，要做到“安心”，就要准确把握职工的心理状况。通过互联网技术的应用，实现对职工思想脉搏的精准把握，使心灵成长计划融入日常的生产经营管理实践之中，达到“润物细无声”的效果，让职工更“安心”、企业更“安人”。

提升职工心理健康水平，为助力企业生产经营实现高质量发展提供坚实支撑。职工的心气顺了，工作的干劲也就有了，职工的干劲有了，团队的凝聚力和企业的向心力就强了。通过实施职工的心理健康疏导和定期干预，化解了职工的矛盾，使职工能够静下心来专心工作，也从一定程度上提高了岗位的精准作业绩效，促进了企业生产经营建设。

实施感悟

只有实现精准测量、确立精准目标，才能找准职工阳光心态培育的“痛点”。生产压力大、收入不稳定、职工压力大，首先要做的就是通过精准测量准确确定目标。依托互联网定期开展心理健康测量，根据心理健康测量评估结果和职工现实心理状况，确定科学的心灵成长计划，制定有效措施，做好咨询、调节、疏导，才能够有效地帮助职工释放和缓解压力。

只有实现精准培训、提高授课水平，才能找准职工阳光心态培育的“结合点”。结合实际自主开发教材，大力普及心理健康知识，采取请进来、走出去等方式，切实提高师资授课水平，实现知识的有效传递和人与人之间的有效沟通，找准心理健康和心理疏导之间的结合点，让心理健康的知识服务于更多职工。

只有依托互联网、推行大数据，才能找准职工阳光心态培育的“发力点”。职工心理健康疏导过程中会产生大量的数据，需要充分依托互联网技术，把数据全部使用起来，在其中发现有价值的规律，确保职工心理疏导工作高效有序开展。需要构建职工、企业和网络三位一体的沟通交流渠道，不断完善网上系统帮扶救助管理，实现职工心理、工作、生活等问题线上线下快速有效解决，切实为职工解决后顾之忧，提升职工满意度。

参考文献

1. 中共中央文献研究室．习近平总书记重要讲话文章选编 [M]. 北京：中央文献出版社、党建读物出版社，2016.

2. 中共中央关于加强和改进党的群团工作的意见．中发〔2015〕4 号．2015.

3. 国务院关于积极推进“互联网 +”行动的指导意见．国发〔2015〕40 号．2015.

4. 中共中央　国务院关于《新时期产业工人队伍建设改革方案》．中发〔2017〕14 号，2017.

5. 全国工会网上工作纲要（2017—2020 年）．总工发〔2017〕3 号，2017.

6. 全国职工素质建设工程五年规划（2015—2019 年）．总工发〔2015〕10 号，2015.

7. 蔡志峰，张晓莹，张剑等著．互联网 + 工会：移动互联时代的改革创新思维 [M]. 北京：中国工人出版社，2016.

8. 赵大伟编著．互联网思维孤独九剑．机械工业出版社，2015.

9. 王明哲编著．互联网 + 工会 [M]. 北京：中国言实出版社，2016.

10. 龚信忠，张晓莹，高志菲等著．龚晓农漫游“互联网家”[M]. 北京：中国工人出版社，2017.

11. 张雅雅．工会改革背景下的“互联网 + 工会”工作创新 [J]. 天津市工会管理干部学院学报，2017（4）：7-11.

12. 张路．上海市“互联网 +”工会建设探析 [J]. 工会理论研究（上海工会管理干部学院学报），2016.

13. 王伟．关于加强网上工会建设的思考 [N]. 北京市工会干部学院学报，2017.

14. 工运探讨：运用信息化手段深化工会改革创新 [N]. 工人日报，2018.

15. 王维刚．开启“互联网 + 工会”时代助推传统钢铁企业加速转型与变革 [J]. 河北企业，2015（8）：102-103.

16. 王芳．“互联网 +”视阈下高校思想政治教育工作创新探究 [J]. 沧州师范学院学报，2018.

17. 柳青．“互联网 +”时代工会工作模式创新研究 [J]. 现代经济信息，2018.

图书在版编目（CIP）数据
工会遇见互联网 / 孙成玉等著. —北京：中国工人出版社，2019.9
ISBN 978-7-5008-7285-6
Ⅰ.①工… Ⅱ.①孙… Ⅲ.①互联网络—应用—工会工作—中国 Ⅳ.①D412.6-39
中国版本图书馆CIP数据核字（2019）第216238号

工会遇见互联网

出 版 人　王娇萍
责任编辑　安 静　冀 卓
责任印制　栾征宇
出版发行　中国工人出版社
地　　址　北京市东城区鼓楼外大街45号　邮编：100120
网　　址　http://www.wp-china.com
电　　话　（010）62005043（总编室）
　　　　　（010）62005039（印制管理中心）
　　　　　（010）62382916（职工教育分社）
发行热线　（010）62005049　（010）62005042（传真）
经　　销　各地书店
印　　刷　北京美图印务有限公司
开　　本　880毫米×1230毫米　1/32
印　　张　6.375
字　　数　150千字
版　　次　2019年10月第1版　2021年3月第2次印刷
定　　价　59.00元